ミスしやすい英文法・語法を全999問で総チェック！

JN070801

二本柳 啓文 著

GOGAKU SHUNJUSHA

はじめに

　本書は，既刊『ミスしやすい英単語を全777問で総チェック！』の姉妹編にあたる**「英文法・語法編」999問**です。

　文法・語法を苦手とする英語学習者が数多く見受けられる最近の状況を踏まえ，**試験本番までにおさえなければならない知識を手早くチェックしてもらいたい**，という思いで作り上げました。

　本書の進め方ですが，質問は全999問となっています。

(1) 本書攻略にあたっては，短期集中で取り組むなら，**"1日約50問×20日間"というスピードプラン**をご活用ください（次ページ参照）。

(2) 質問は，**入試必須の重要知識**を中心に，8つのテーマにまとめました。未知の知識は，その場で即暗記する気持ちで挑戦しましょう。また，3〜4日おいての再チェックは，記憶の定着に有効です。

(3) 最初から順に取り組むのがオススメですが，苦手な分野，または早急にマスターしたい項目があれば，学習状況に応じて適宜判断して進めてください。

　本書を一通り学習すれば，本書のタイトルにある通り，うっかりミスしがちな**文法・語法の知識についての「総チェック」が可能になる**と確信します。

　では，さっそく始めてください。

二本柳 啓文

20日間スピードプラン 学習モデル

	ページ範囲	問題数	第1回正解数・正解率		第2回正解数・正解率	
記入例	pp.1 〜 12	50	20 問	40 %	40 問	80 %
第1日	pp.1 〜 12	50	問	%	問	%
第2日	pp.14 〜 26	50	問	%	問	%
第3日	pp.26 〜 40	50	問	%	問	%
第4日	pp.40 〜 56	50	問	%	問	%
第5日	pp.56 〜 68	50	問	%	問	%
第6日	pp.68 〜 78	50	問	%	問	%
第7日	pp.80 〜 90	50	問	%	問	%
第8日	pp.90 〜 102	50	問	%	問	%
第9日	pp.102 〜 118	50	問	%	問	%
第10日	pp.118 〜 130	50	問	%	問	%
第11日	pp.130 〜 142	50	問	%	問	%
第12日	pp.142 〜 156	50	問	%	問	%
第13日	pp.158 〜 172	50	問	%	問	%
第14日	pp.172 〜 184	50	問	%	問	%
第15日	pp.184 〜 196	50	問	%	問	%
第16日	pp.196 〜 210	50	問	%	問	%
第17日	pp.210 〜 224	50	問	%	問	%
第18日	pp.224 〜 236	50	問	%	問	%
第19日	pp.236 〜 250	50	問	%	問	%
第20日	pp.250 〜 262	49	問	%	問	%
集　計		999	問	%	問	%

　「20日間スピードプラン」への挑戦は,早ければ早いほどよいでしょう。解答時間は1問につき5秒を目安としてください。志望大学への到達基準の目安は以下のとおりです。

> 一般国公私立短大：65% 以上
> 有名国公私立大　：75% 以上
> 最難関国公私立大：85% 以上

　なお,第2回目のテストは,第1回目のテストから3日〜4日程度の間隔をとって実施するのがオススメです。第3回目以降は間違った問題のみにしぼって反復していくとよいでしょう。

CONTENTS

動 詞

□□ 001

Kosei (resembles / resembles with) his mother.

□□ 002

Toshie (complains / complains about) any easy task.

□□ 003

Will you (marry / get married) me?

□□ 004

Don't (mention / mention about) it.

□□ 005

We (discussed / discussed about) the matter.

□□ 006

She (approached / approached to) me.

□□ 007

I (entered / entered into) the room.

□□ 008

I (visited / visited to) Beijing last month.

□□ 009

I (apologized / apologized to) her.

001 答え : resembles
▸ 「コウセイは母親に似ている」

002 答え : complains about
▸ 「トシエはどんな楽な仕事にも文句を言う」

003 答え : marry
▸ 「私と結婚してくれますか」。marry *A* = get married to *A*

004 答え : mention
▸ 「どういたしまして」。mention *A* = refer to *A*

005 答え : discussed
▸ 「私たちはその問題について議論した」。discuss *A* = talk about *A*

006 答え : approached
▸ 「彼女が私に近づいてきた」

007 答え : entered
▸ 「私はその部屋に入った」

008 答え : visited
▸ 「私は先月北京を訪れた」。Beijing「北京（ペキン）」

009 答え : apologized to
▸ 「私は彼女に謝罪した」

☐☐ 010

I (agreed / agreed with) her.

☐☐ 011

The nurse (laid / lied) the baby on the bed.

☐☐ 012

The boy (laid / lay) down on the grass in the park.

☐☐ 013

The price of coffee (has rised / rose) by 100 yen this week.

☐☐ 014

Jonas (raised / rose) his hand during the class.

☐☐ 015

You should (keep / put) quiet.

☐☐ 016

That dream of yours might (come / get) true some day.

☐☐ 017

In fall, leaves (see / turn) yellow.

☐☐ 018

answer A = reply to A 「A に答える」   Yes / No

010 答え：agreed with
- ▶ 「私は彼女と意見が一致した」

011 答え：laid
- ▶ 「看護師は赤ん坊をベッドに寝かせた」。lay-laid-laid-laying

012 答え：lay
- ▶ 「少年は公園の芝生で横になった」。lie-lay-lain-lying

013 答え：rose
- ▶ 「今週，コーヒーが 100 円値上がりした」。rise-rose-risen-rising

014 答え：raised
- ▶ 「ジョナスは授業中に手を挙げた」。raise-raised-raised-raising

015 答え：keep
- ▶ 「君は黙っているべきだ」。keep + C「C のままでいる」

016 答え：come
- ▶ 「あなたのその夢はいつか実現するかもしれない」。come true「(夢など
  が) 実現する」

017 答え：turn
- ▶ 「秋には葉っぱが黄色に変わる」。turn + C「C に変わる」

018 Yes

□□ 019

　oppose A = object to A　「A に反対する」　　　Yes / No

□□ 020

　reach to A = get to A = arrive at[in] A「A に到着する」
　　　　　　　　　　　　　　　　　　　　　　　　Yes / No

□□ 021

　The spectators（marveled ／ surprised）at the player's
skill.

□□ 022

　lie「横になる」　活用は lie-lay-lain-laying　　　Yes / No

□□ 023

　lie「うそをつく」　活用は lie-lay-lain-lying　　　Yes / No

□□ 024

　lay A「A を横にする」　活用は lay-layed-layed-laying
　　　　　　　　　　　　　　　　　　　　　　　　Yes / No

□□ 025

　sit「座る」　活用は sit-sat-sit-sitting　　　　　Yes / No

□□ 026

　seat A「A を座らせる」　活用は seat-sate-seaten-seating
　　　　　　　　　　　　　　　　　　　　　　　　Yes / No

□□ 027

　rise「上がる」　活用は rise-rose-risen-rising　　　Yes / No

019 Yes

020 No
  ▸ reach *A*

021 答え：marveled
  ▸ 「観客はその選手の技術に驚嘆した」。marvel at *A* = *be* surprised at *A*「A に驚く」

022 No
  ▸ lie-lay-lain-<u>lying</u>

023 No
  ▸ lie-<u>lied</u>-<u>lied</u>-lying

024 No
  ▸ lie-<u>laid</u>-<u>laid</u>-laying

025 No
  ▸ sit-sat-<u>sat</u>-sitting

026 No
  ▸ seat-<u>seated</u>-<u>seated</u>-seating

027 Yes

□□ 028

raise A「A を上げる，育てる」活用は raise-raised-raised-raising

Yes / No

□□ 029

arise「生じる」 活用は arise-arose-arisen-arising

Yes / No

□□ 030

arouse A「A を目覚めさせる」活用は arouse-aroused-aroused-arousing

Yes / No

□□ 031

This place will（do / stand）for playing soccer.
「この場所はサッカーをするのに使える」

□□ 032

[force / get / have] O to *do* 使役動詞として誤っているのは？

□□ 033

[force / get / make] O + to *do* の形をとらない使役動詞は？

□□ 034

[become / come / get] + to *do* の形をとらない動詞は？

□□ 035

[explain / say / tell] to A（人）の形をとらない動詞は？

028 Yes
▸ 発音注意！ raise [réiz]「～を上げる」

029 Yes

030 Yes

031 答え：do
▸ do（自動詞）「役に立つ，間に合う」

032 答え：have
▸ have O *do*

033 答え：make
▸ make O *do*

034 答え：become
▸ come / get to *do*「…するようになる」

035 答え：tell

□□ 036

　[inform / remember / remind] *A*（人）+ of *B* / that 節の
形をとらない動詞は？

□□ 037

　[deprive / rob / steal] *A*（人）+ of *B*（物）の形をとらない
動詞は？

□□ 038

　Her third marriage might（last / stand）only a few months.
「彼女の3回目の結婚は数か月しか続かないかもしれない」

□□ 039

　He（longs / runs）for his girlfriend to come back.
「彼は恋人が帰ってくるのを待ちこがれている」

□□ 040

　Nothing（matters / stands）to me.
「私には何ら重要な問題ではない」

□□ 041

　Crime doesn't（sell / pay）.
「犯罪は割に合わない」

□□ 042

　（do / meet）a target「目標を達成する」

036 答え：remember
- 第3文型（SVO）のみ。

037 答え：steal
- steal *B*（from *A*）「(Aから) Bを盗む」

038 答え：last
- last（自動詞）「(…の間) 続く，もつ」

039 答え：longs
- long「切望する」= yearn

040 答え：matters
- matter（自動詞）「重要である」

041 答え：pay
- pay（自動詞）「利益になる，割に合う」

042 答え：meet
- meet *A*「Aを満たす」

□ □ 043

I'll (feel / miss) you badly.
「君がいないとすごく寂しくなるよ」

□ □ 044

(stand / run) a juku in Nagoya 「名古屋で塾を経営する」

□ □ 045

The 20th century (did / saw) two world wars.
「20 世紀には 2 つの世界大戦があった」

□ □ 046

I can't (stand / meet) this humid weather.
「この湿気の多い天気には我慢できない」

□ □ 047

She (made / treated) me to a drink.
「彼女が 1 杯おごってくれた」

□ □ 048

[be / have / stand] + C 「C である」とならない動詞は？

□ □ 049

[let / lie / remain / stay] + C 「C のままである」とならない動詞は？

□ □ 050

[look / see / seem] + C 「C に見える」とならない動詞は？

043 答え：miss
- ▸ miss *A*「A（人）がいなくて寂しく思う」

044 答え：run
- ▸ run *A*「A を経営する」

045 答え：saw
- ▸ see *A*「（時代・場所などが）A（事）を目撃する」

046 答え：stand
- ▸ stand *A*「A を我慢する」

047 答え：treated
- ▸ treat *A*「A（人）にごちそうする」= She bought me a drink.

048 答え：have

049 答え：let

050 答え：see

□□ 051

[eat / smell / taste] + C SVCの文型をとらない動詞は？

□□ 052

prove (to be) C = turn out (to be) C「…であることがわかる」 Yes / No

□□ 053

[demand / insist / require] + that S (should) *do*「要求する」 Yes / No

□□ 054

[command / order / hold] + that S(should) *do*「命令する」 Yes / No

□□ 055

[consider / propose / suggest] + that S (should) *do*「提案する」 Yes / No

□□ 056

save *A B* = spare *A B*「A（人）のB（労力・苦労・時間など）を省く」 Yes / No

□□ 057

[hope / want / wish] to *do*「…したい」 Yes / No

□□ 058

[deny / expect / intend] は目的語の位置に to *do* をとれる。 Yes / No

051 答え：eat

052 Yes

053 Yes

054 No

　▸ hold には「命令する」という意味はない。

055 No

　▸ consider には「提案する」という意味はない。

056 Yes

　▸ save「A に B を残しておく」　spare「A に B（時など）を割く」にも注意。

057 Yes

058 No

　▸ deny *do*ing「…であることを否定する」

　　［agree / offer / promise］は目的語の位置に to *do* をとれ
る。　　　　　　　　　　　　　　　　　　　　　　　　Yes / No

　　［hesitate / manage / refuse］は目的語の位置に to *do* を
とれる。　　　　　　　　　　　　　　　　　　　　　Yes / No

　　［enjoy / mind / miss］は目的語の位置に *do*ing をとれる。
　　　　　　　　　　　　　　　　　　　　　　　　　　Yes / No

　　［admit / avoid / give up］は目的語の位置に *do*ing をとれ
る。　　　　　　　　　　　　　　　　　　　　　　　Yes / No

　　［escape / finish / practice］は目的語の位置に *do*ing をと
れる。　　　　　　　　　　　　　　　　　　　　　　Yes / No

　　［consider / postpone / stop］は目的語の位置に *do*ing を
とれる。　　　　　　　　　　　　　　　　　　　　　Yes / No

　　［appreciate / consider / deny］は目的語の位置に *do*ing
をとれる。　　　　　　　　　　　　　　　　　　　　Yes / No

059 Yes

060 Yes

061 Yes

062 Yes

063 Yes

064 Yes
 ▶ stop to *do*「…するために立ち止まる」

065 Yes

□□ 066

[resist / risk / suggest]は目的語の位置に*do*ingをとれる。

Yes / No

□□ 067

[forget / regret / remember]は目的語が to *do* と *do*ing
では意味が異なる。　　　　　　　　　　　　　　Yes / No

□□ 068

need(他動詞)は目的語がto *do* と *do*ingでは意味が異なる。

Yes / No

□□ 069

[catch / hear / see]O + *do* の形をとれる。　　Yes / No

□□ 070

[advise / allow / ask]O + to *do* の形をとれる。　Yes / No

□□ 071

[command / remind / wish]O + to *do* の形をとれる。

Yes / No

□□ 072

[compel / oblige / urge]O + to *do* の形をとれる。

Yes / No

□□ 073

[encourage / expect / hope]O + to *do* の形をとれる。

Yes / No

066 Yes

067 Yes

▸ to *do*「(これから) …すること」 *do*ing「…したこと」

068 Yes

▸ need to *do*「…する必要がある」 need *do*ing「…される必要がある」
= need to be *done*.

069 No

▸ catch + O + *do*ing「O に…するのを見つける」

070 Yes

071 Yes

072 Yes

073 No

▸ hope for *A* to *do*「A が…することを望む」

□ □ 074

[order / persuade / warn] O + to *do* の形をとれる。

Yes / No

□ □ 075

[permit / recommend / tell] O + to *do* の形をとれる。

Yes / No

□ □ 076

[request / require / tempt] O + to *do* の形をとれる。

Yes / No

□ □ 077

[feed / provide / supply] *A* with *B* の形をとれる。

Yes / No

□ □ 078

[furnish / present / prevent] *A* with *B* の形をとれる。

Yes / No

□ □ 079

[discourage / dissuade / stop] *A* from *B* の形をとれる。

Yes / No

□ □ 080

[hinder / keep / prevent] *A* from *B* の形をとれる。

Yes / No

074 Yes

075 Yes

076 Yes

077 Yes
 ▹ 「供給」を表す動詞に多い。

078 No
 ▹ prevent「妨げる」はこの形をとらない。

079 Yes
 ▹ 「妨害」を表す動詞に多い。

080 Yes
 ▹ 「妨害」を表す動詞に多い。

□□ 081

　[ban / prohibit / remind] *A* from *B* の形をとれる。

Yes / No

□□ 082

　[protect / rescue / save] *A* from *B* の形をとれる。

Yes / No

□□ 083

　[distinguish / know / tell] *A* from *B* の形をとれる。

Yes / No

□□ 084

　remind *A* of *B*，remind *A* to *do*，remind *A* that 節，ど
れも正しい。　　　　　　　　　　　　　　　　Yes / No

□□ 085

　[inform / recall / warn] *A* of *B* の形をとれる。　Yes / No

□□ 086

　[convince / give / persuade] *A* of *B* の形をとれる。

Yes / No

□□ 087

　[clear / deprive / rob] *A* of *B* の形をとれる。　Yes / No

□□ 088

　[relieve / rid / strip] *A* of *B* の形をとれる。　Yes / No

081 No
　▷ remind「思い出させる」はこの形をとらない。

082 Yes
　▷ 「妨害↔保護」を表す動詞に多い。

083 Yes
　▷ 「区別」を表す動詞に多い。

084 Yes
　▷ remind *A* of *B*「A に B を思い出させる」，remind *A* to *do*「A に…することを思い出させる」，remind *A* that 節「A に…を気づかせる」。

085 No
　▷ 「情報伝達」を表す動詞に多い。recall「思い出す」はこの形をとらない。

086 No
　▷ give はこの形をとらない。

087 Yes
　▷ 「略奪・除外」を表す動詞に多い。

088 Yes
　▷ 「略奪・除外」を表す動詞に多い。

□□ 089

[cure / empty / stop] *A* of *B* の形をとれる。　Yes / No

□□ 090

[ask / beg / expect / require] *A* of *B* の形をとれる。

Yes / No

□□ 091

[blame / punish / scold] *A* for *B* の形をとれる。 Yes / No

□□ 092

[excuse / forgive / praise] *A* for *B* の形をとれる。

Yes / No

□□ 093

[admire / criticize / reward] *A* for *B* の形をとれる。

Yes / No

□□ 094

accuse *A* of *B*「A（人）を B で訴える」　Yes / No

□□ 095

blame *A* for *B* は「B のことで A（人）を責める」
blame *B* on *A* は「B を A のせいにする」　Yes / No

□□ 096

I thank you for your help. は正しいが，I appreciate you
とは言えない。　Yes / No

089 No

▶ stop はこの形をとらない。

090 Yes

▶ 「依頼・期待」を表す動詞に多い。

091 Yes

▶ 「非難・賞賛」を表す動詞に多い。

092 Yes

▶ 「非難・賞賛」を表す動詞に多い。

093 Yes

▶ 「非難・賞賛」を表す動詞に多い。

094 Yes

095 Yes

096 Yes

▶ appreciate A (物・事)「A をありがたく思う」。I appreciate your help.

☐☐ 097

［change / classify / convert］*A* into *B* の形をとれる。

Yes / No

☐☐ 098

［divide / translate / turn］*A* into *B* の形をとれる。

Yes / No

☐☐ 099

［accept / define / regard］*A* as *B* の形をとれる。

Yes / No

☐☐ 100

［acknowledge / describe / refer］*A* as *B* の形をとれる。

Yes / No

☐☐ 101

［appoint / look on［upon］/ see］*A* as *B* の形をとれる。

Yes / No

☐☐ 102

［classify / recognize / think of］*A* as *B* の形をとれる。

Yes / No

☐☐ 103

［count / treat / view］*A* as *B* の形をとれる。   Yes / No

097 Yes
  ▷ 「変化」を表す動詞に多い。

098 Yes
  ▷ 「変化」を表す動詞に多い。

099 Yes
  ▷ 「思考・認知」を表す動詞に多い。

100 Yes
  ▷ 「思考・認知」を表す動詞に多い。

101 Yes
  ▷ 「思考・認知」を表す動詞に多い。

102 Yes
  ▷ 「思考・認知」を表す動詞に多い。

103 Yes
  ▷ 「思考・認知」を表す動詞に多い。

□□ 104

congratulate *A* (　　　　) *B*「B のことで A を祝う」

for / on

□□ 105

owe *A* (　　　　) *B*「A に関しては B のおかげをこうむる」

for / to

□□ 106

derive *A* (　　　　) *B*「B から A を引き出す」

for / from

□□ 107

exchange *A* (　　　　) *B*「A を B と交換する」

for / on

□□ 108

leave *A* (　　　　) *B*「B に A を残す・A を B に任せる」

for / to

□□ 109

strike *A* (　　　　) *B*「A に B という印象を与える」

as / by

□□ 110

［borrow / let / use］「貸す」という意味があるのは？

104 答え：on

105 答え：to

106 答え：from

107 答え：for

108 答え：to

109 答え：as

110 答え：let
▶ let A「A（家・部屋など）を貸す」

□□ 111

[borrow / owe / use] 移動可能なものを無料で「借りる」
のは？

□□ 112

[hire / lend / owe] *A B*「A に B（お金など）を借りてい
る」という意味になるのは？

□□ 113

Red（matches / suits）you well.「赤がよくお似合いです」

□□ 114

The coat（fits / suits）me perfectly.「大きさがぴったりの
コートだ」

□□ 115

A（物）（become / match）*B*（物）「A（物）が B（物）に調和
する」

□□ 116

doubt that 節 = don't think that 節　　　Yes / No

□□ 117

suspect that 節 ≒ think that 節　　　Yes / No

□□ 118

wonder that 節は「…ということに驚く」　　　Yes / No

□□ 119

wonder wh- 節は「…だろうかと思う」　　　Yes / No

111 答え：borrow

▷ use はその場で使うために「借りる」。

112 答え：owe

▷ owe *B* to *A* もあり。

113 答え：suits

114 答え：fits

115 答え：match

116 Yes

117 Yes

▷ suspect は好ましくないことに用いることが多い。

118 Yes

119 Yes

□ □ 120

She（　　　　　）him home in her car.「彼女は彼を車で家
に送った」

sent／took

□ □ 121

She（　　　　）a bottle of red wine with her.
「彼女は赤ワインを1本持って来た」

brought／took

□ □ 122

（　　　　）a map「地図を描く」

draw／write

□ □ 123

（　　　　）a picture in watercolors「水彩画を描く」

draw／paint

□ □ 124

（　　　　）a letter on a PC「パソコンで手紙を書く」

draw／write

□ □ 125

She（　　　　）on a good idea.「彼女はいい考えを思いつ
いた」

came／hit

120 答え：took
  ▶ take A「Aを連れていく，持っていく」

121 答え：brought
  ▶ bring A「Aを持ってくる，連れてくる」

122 答え：draw
  ▶ draw「(ペン・鉛筆などで図形など)を描く」

123 答え：paint
  ▶ paint「(絵の具などで絵・人・物など)を描く」

124 答え：write
  ▶ write「(字・名前・書類・文書など)を書く，作成する」

125 答え：hit
  ▶ hit on A「A(考えなど)を思いつく」= She came up with a good
    idea.

A good idea（　　　　　）her.「彼女はいい考えを思いついた」

struck ／ took

A good idea（　　　　　）to her.「彼女はいい考えを思いついた」

occurred ／ took

A good idea（　　　　　）to her.「彼女はいい考えを思いついた」

came ／ hit

Help my math homework.「数学の宿題を手伝ってよ」

Yes ／ No

Please help install the new software.「新しいソフトをインストールするのを手伝ってください」　　Yes ／ No

I'll help you make a reservation.
「ご予約のお手伝いをいたします」　　Yes ／ No

126 答え：struck

▶ strike A 「(考えなどが) A (人) の心に浮かぶ」= A good idea hit her.

127 答え：occurred

▶ occur to A 「(考えなどが) A (人) の心に浮かぶ」

128 答え：came

▶ come to A 「(考えなどが) A (人) の心に浮かぶ」

129 No

▶ Help me with my math homework.
　help A with B 「A (人) の B を手伝う」

130 Yes

▶ = Please help to install the new software.
　help (to) do 「…するのを手伝う」

131 Yes

▶ = I'll help you to make a reservation.
　help A (to) do 「A が…するのを手伝う」

☐☐ 132

Hello ! May I speak (　　　　) Jane?
「(電話で)もしもし，ジェーンさんはいらっしゃいますか」
at / to

☐☐ 133

What are you talking (　　　　)?
「何の話をしているんだ」
about / in

☐☐ 134

Do you speak Italian?「イタリア語を話しますか」

Yes / No

☐☐ 135

She talked her mother into buying her new earphones.
「彼女は母親を説得して新しいイヤフォンを買ってもらった」

Yes / No

☐☐ 136

talk *A* out of *do*ing「A(人)を説得して…をやめさせる」

Yes / No

☐☐ 137

[indulge / ruin / spoil]「ダメにする」という意味を持たないのは？

132 答え：to

▷ speak［talk］to［with］*A*「A と話す，A に話しかける」

133 答え：about

▷ speak［talk］about［of］*A*「A について話す」

134 Yes

▷ speak *A*「A（言語）を話す（能力がある）」

135 Yes

▷ talk *A* into *do*ing「A（人）を説得して…させる」= persuade *A* to *do*

136 Yes

▷ = dissuade *A* from *do*ing

137 答え：indulge

▷ indulge「巻き込む」

□□ 138

　　［gain / inquire / obtain］「手に入れる」という意味を持たないのは？

□□ 139

　　［devote oneself to / object to / used to］の後に *doing* をとらないのは？

□□ 140

　　［impress / move / touch］「A（人）を感動させる」動詞はいくつある？

□□ 141

　　［fall / go / grow］＋ C（補語）となる動詞はいくつある？

□□ 142

　　［account / count / matter］「重要である」動詞はいくつある？

□□ 143

　　［bear / endure / tolerate］「耐える・我慢する」動詞はいくつある？

□□ 144

　　［consist of / resemble / seem］進行形にできない状態動詞はいくつある？

138 答え：inquire

▶ inquire「尋ねる」

139 答え：used to

▶ used to *do*「…したものだった，以前は…だった」

140 答え：3つ全て

141 答え：3つ全て

142 答え：2つ

▶ account（動詞）にはこの意味はない。

143 答え：3つ全て

144 答え：3つ全て

□ □ 145

　change も alter も「変える」という意味があるが，alter の方が change よりも部分的変化を強調する。　　Yes / No

□ □ 146

　hear や see は自然に耳や目に入ってくる一方，listen to や look at は意図的に目や耳を向ける。　　Yes / No

□ □ 147

　「学ぶ・勉強する」study は努力する過程に重点がある一方，learn は学んだ結果「習得する」まで範囲が及ぶ。　Yes / No

□ □ 148

　「起こる・生じる」happen は偶然のできごとである一方，take place は予定された事柄が起きる場合に用いることが多い。　　Yes / No

□ □ 149

　five instructors,（　　　　　　）me「私を含めて5人の講師」
containing / including

□ □ 150

　This bottle（　　　　　）grapefruit juice「このボトルに入っているのはグレープフルーツジュースです」
contains / includes

□ □ 151

　希望・願望を表す動詞 hope that 節はあるが，want は目的語に that 節はとらない。　　Yes / No

145 Yes
  ▶ alteration「修正，手直し，（部分的）変更」

146 Yes

147 Yes
  ▶ learn to *do*「（学んだ結果）…できるようになる」

148 Yes

149 答え：including
  ▶ include A「A（全体の中の一部）を含む」

150 答え：contains
  ▶ contain A「A（中身の全体）を含む」

151 Yes

□□ 152

    want *A* to *do* = hope for *A* to *do*   Yes / No

□□ 153

    「見る」watch は動く・変化するものをじっと見る，glance はちらっと見る，gaze, stare は驚きや好奇心からじっと見つめる。   Yes / No

□□ 154

    「身につける」put on は「身につける」1 回の動作，wear は「身につけている」状態を表す。   Yes / No

□□ 155

    「悪条件を最大限に生かす」make the（   ）of a bad situation

    best ／ most

□□ 156

    「時間を最大限に生かす」make the（   ）of *one*'s time

    best ／ most

□□ 157

    「お金が底をつきかけている」は My money is running out of me.   Yes / No

□□ 158

    「お金が底をつきかけている」は My money is running out.   Yes / No

152 Yes

▶ 「A が…することを望む」

153 Yes

▶ watch は他動詞だが，それ以外は，glance［gaze / stare］at A という
ように自動詞として用いる。

154 Yes

▶ put on の反対の意味を表す表現は take off となる。

155 答え：best

▶ make the best of A「A（不利な状況）を最大限に利用する」

156 答え：most

▶ make the most of A「A（能力・機会など）を最大限に活かす」

157 No

▶ 正しくは I'm running out of my money.
run out of A「A（物・時間など）を使い果たす」

158 Yes

▶ run out「（食料・金・忍耐などが）尽きる」

□□ 159

「彼女の言いたいことが私にはわからない」

What she means doesn't make sense of me.　　Yes / No

□□ 160

「彼女の言いたいことが私にはわからない」

What she means doesn't make sense to me.　　Yes / No

□□ 161

「納豆より豆腐が好きだ」は prefer *tofu* than *natto*

Yes / No

□□ 162

「ここにいるより彼女と出かけたいです」

I prefer to go with her rather than stay here.　　Yes / No

□□ 163

「気分はどうですか」<u>What</u> are you feeling? 下線部は正しい？

□□ 164

「彼女の提案についてどう思いますか」

<u>How</u> do you think of her proposal?
下線部は正しい？

□□ 165

provide, providing, provided 接続詞 if（条件）の代用として用いることができないのは？

159 No

▸ 正しくは I can't make sense of what she means.

　make sense of A 「A を理解する」

160 Yes

▸ make sense 「(文などが) 意味が通じる」

161 No

▸ prefer *tofu* <u>to</u> *natto* = like *tofu* better than *natto*

162 Yes

▸ prefer to *do* rather than (to) *do*

163 答え：誤り

▸ 正しくは <u>How</u> are you feeling?

164 答え：誤り

▸ 正しくは <u>What</u> do you think of her proposal?

165 答え：provide

□□ 166

assume, assuming, assumed 接続詞 if（条件・仮定）の代用として用いることができないのは？

□□ 167

suppose, supposing, supposed 接続詞 if（条件・仮定）の代用として用いることができないのは？

□□ 168

grant, granting, granted 接続詞 if（譲歩）の代用として用いることができないのは？

□□ 169

[allow / forgive / permit] *A* to *do* の形をとらないのは？

□□ 170

turn down *A* ＝ reject *A* ＝ refuse *A*   Yes / No

□□ 171

refuse to *do*「…することを断る」は正しいが，reject to *do* は正しくない。   Yes / No

□□ 172

He flatly （   ） that he was in any way involved in the case.

declined / denied

166 答え：assumed

167 答え：supposed

168 答え：grant

169 答え：forgive
▶ forgive A（人）for B（罪・過失）「A の B を許す」

170 Yes
▶ reject は refuse よりも強く，断固拒絶する。

171 Yes
▶ reject A「A（提案・申し出など）を（きっぱり）拒絶する」

172 答え：denied
▶ 「彼はその事件に関わりがあることをきっぱりと否定した」。deny that
節「…を否定する」。decline, refuse, reject は that 節を目的語にとら
ない。

□□ 173

　manage to *do*「(何とか)…できる」= succeed to *do*

Yes / No

□□ 174

　［beat / defeat / win］*A*（人）「A に勝つ」の形をとらない
のは？

□□ 175

　Grapes around here are used to making wine.
　誤りは？

□□ 176

　「夢を見る」= see a dream
　正しい？

Yes / No

□□ 177

　refer「参照する」　活用は refer-（　　　）-（　　　）-（　　　）

□□ 178

　transfer「移す」　活用は transfer-（　　　）-（　　　）-（　　　）

□□ 179

　suffer「苦しむ」　活用は suffer-（　　　）-（　　　）-（　　　）

□□ 180

　offer「提供する」　活用は offer-（　　　）-（　　　）-（　　　）

173 No

> = <u>succeed in</u> *A / do*ing。succeed (to) *A*「*A* の後を継ぐ」にも注意。

174 答え：win

> win *A*（競技・戦争など）

175 答え：making

> 正しくは Grapes around here are used to <u>make</u> wine.「このあたりのブドウはワインを作るために使われる」。*be* used to *do*ing「…することに慣れている」。

176 No

> 正しくは <u>have</u> a dream。

177 答え：**refer**-referred-referred-referring

> アクセント注意！ refer [rifə́:r]

178 答え：**transfer**-transferred-transferred-transferring

> アクセント注意！ transfer [trænsfə́:r]

179 答え：**suffer**-suffered-suffered-suffering

180 答え：**offer**-offered-offered-offering

□□ 181

    stir「かきまぜる」 活用は stir-(   )-(   )-(   )

□□ 182

    mimic「まねる」 活用は mimic-(   )-(   )-(   )

□□ 183

    omit「省略する」 活用は omit-(   )-(   )-(   )

□□ 184

    welcome「歓迎する」 活用は welcome-welcame-welcome-welcoming   Yes / No

□□ 185

    wake「目を覚ます」，活用は wake-waked-waked-waking もあるが，wake-(   )-(   )-waking が普通。

□□ 186

    get の活用は get-got-got-getting だが，過去分詞形《米》は(   )もある。

□□ 187

    fly「フライを打つ」の活用は fly-(   )-(   )-flying

□□ 188

    fly「飛ぶ」の活用は fly-(   )-(   )-flying

□□ 189

    hang「つるす」の活用は hang-(   )-(   )-hanging

181　答え：**stir**-stirred-stirred-stirring

182　答え：**mimic**-mimicked-mimicked-mimicking

183　答え：**omit**-omitted-omitted-omitting

184　No
　▶ welcome-<u>welcomed</u>-<u>welcomed</u>-welcoming

185　答え：**wake**-woke-woken-**waking**
　▶ awake も同様。

186　答え：gotten

187　答え：**fly**-flied-flied-**flying**

188　答え：**fly**-flew-flown-**flying**

189　答え：**hang**-hung-hung-**hanging**

□□ 190

hang「絞首刑にする［なる］」の活用は hang-(　　　)-(　　　)-hanging

□□ 191

fall「倒れる」の活用は fall-(　　　)-(　　　)-falling

□□ 192

fell「倒す」の活用は fell-(　　　)-(　　　)-felling

□□ 193

find「見つける」の活用は find-(　　　)-(　　　)-finding

□□ 194

found「設立する」の活用は found-(　　　)-(　　　)-founding

□□ 195

flow「流れる」の活用は flow-(　　　)-(　　　)-flowing

□□ 196

see の活用は see-(　　　)-(　　　)-seeing

□□ 197

saw「のこぎりで切る」の活用は saw-(　　　)-(　　　)-sawing

□□ 198

wind「巻く」の活用は wind-(　　　)-(　　　)-winding

動
詞

190 答え：**hang**-hanged-hanged-**hanging**

191 答え：**fall**-fell-fallen-**falling**

192 答え：**fell**-felled-felled-**felling**

193 答え：**find**-found-found-**finding**

194 答え：**found**-founded-founded-**founding**

195 答え：**flow**-flowed-flowed-**flowing**

196 答え：**see**-saw-seen-**seeing**

197 答え：**saw**-sawed-sawn/sawed-**sawing**

198 答え：**wind**-wound-wound-**winding**
  ▶ 発音注意！ wind [wáɪnd]　wound [wáund]

□□ 199

wound「傷つける」の活用は wound-（　　）-（　　）-
wounding

199 答え：**wound**-wounded-wounded-**wounding**

▶ 発音注意！ wound [wúːnd]

名詞・代名詞・形容詞・副詞

PART 2

□ □ 001

a large number of girls は「多くの女子」　　Yes / No

□ □ 002

a few number of mistakes は「少数の誤り」　　Yes / No

□ □ 003

a good deal of rain は「多量の雨」　　Yes / No

□ □ 004

a huge amount of money は「多額の金」　　Yes / No

□ □ 005

a small quantity of wine は「少量のワイン」　　Yes / No

□ □ 006

quite a few websites は「かなり多くのウェブサイト」

Yes / No

□ □ 007

a good many people ＝ very many people　　Yes / No

□ □ 008

Beijing has many populations.「北京は人口が多い」

Yes / No

001 Yes
▶ a large [good, great] number of 複数名詞「多くの…」

002 No
▶ a small [tiny] number of 複数名詞「少数の…」

003 Yes
▶ a good [great] deal of 不可算名詞「多くの…」

004 Yes
▶ a(n) considerable [enormous, large, vast など] amount of 不可算名詞「多くの…」

005 Yes

006 Yes
▶ quite a few ＋複数名詞 / quite a little ＋不可算名詞「かなり多くの…」

007 Yes
▶ 「かなり多くの…」

008 No
▶ 正しくは Beijing has a large population.

□□ 009

The tennis match was (excited / exciting) to me.

□□ 010

I'm (pleasant / pleased) with life in Taiwan.

□□ 011

That drama was (impressed / impressive).

□□ 012

Don't be so (frightened / frightening).
「そんなに怖がらないで」

□□ 013

She seemed (disappointed / disappointing) at the result.

□□ 014

「危ない！」You are dangerous! は誤り？   Yes / No

□□ 015

(sensible / sensitive) skin「敏感肌」

□□ 016

a (sensible / sensitive) decision「賢明な決定」

□□ 017

(considerable / considerate) distance「かなりの距離」

009 答え：exciting

▷ 「そのテニスの試合は私をワクワクさせた」。exciting「(人を) ワクワクさせるような」

010 答え：pleased

▷ 「私は台湾での生活を気に入っている」。= Life in Taiwan is pleasant to me.

011 答え：impressive

▷ 「そのドラマは印象的だった」

012 答え：frightened

013 答え：disappointed

▷ 「彼女はその結果にがっかりしているようだった」

014 Yes

▷ 正しくは You are in danger!　dangerous「(人を) 危険にさらす・(人が) 危害を及ぼす」

015 答え：sensitive

▷ sense「感じる」＋ -tive「力がある」

016 答え：sensible

▷ sensible ≒ wise

017 答え：considerable

□ □ 018

    a（considerable / considerate）attitude「思いやりのある態度」

□ □ 019

    （economic / economical）development「経済発展」

□ □ 020

    an（economic / economical）little car「燃費のよい小型車」

□ □ 021

    I made your（favorable / favorite）soup for you.
「君の大好きなスープを作ったよ」

□ □ 022

    earn（favorable / favorite）reviews「好評を得る」

□ □ 023

    the（Industrial / Industrious）Revolution「産業革命」

□ □ 024

    （literal / literary）works「文学作品」

□ □ 025

    a（literal / literate）translation「直訳」

□ □ 026

    （literal / literate）people「読み書きできる人々」

018 答え：considerate

019 答え：economic

020 答え：economical
▸ economical「安くつく，お得な」

021 答え：favorite
▸ 発音注意！ favorite [féɪvərət]

022 答え：favorable
▸ favorable「好意的な，好都合な」

023 答え：Industrial
▸ industrial「産業の」。industrious「勤勉な」

024 答え：literary
▸ literary「文学の」

025 答え：literal
▸ literal「文字通りの」

026 答え：literate
▸ literate「読み書きできる」

名詞・代名詞・形容詞・副詞

PART

□□ 027

　regretful は, We are regretful ...で「(人が) 後悔している」
の意味を表す。　　　　　　　　　　　　　　　　　Yes / No

□□ 028

　regrettable は,「(行為・事件などが) 残念な」なので,
We are regrettable ...は誤り。　　　　　　　　　　Yes / No

□□ 029

　a (successful / successive) businessperson
「成功した実業家」

□□ 030

　for five (successful / successive) days「5 日間連続 (で)」

□□ 031

　(sociable / social) welfare「社会福祉」

□□ 032

　(alive / live) animals「生きている動物」

□□ 033

　My great-grandfather is still (alive / living).
「私の曽祖父は健在です」

□□ 034

　a (lively / living) debate「活発な議論」

027 Yes

028 Yes
▶ It is regrettable that ... 「…なのは残念だ」

029 答え：successful
▶ successful 「成功した」

030 答え：successive
▶ successive 「連続した」

031 答え：social
▶ social 「社会の」。sociable 「社交的な，和やかな」

032 答え：live
▶ live [láɪv] 「生きている」。人以外の生物に用い，名詞修飾のみ。発音注意！

033 答え：alive
▶ 叙述用法専用。living は人にも動物にも用いるが名詞修飾。

034 答え：lively
▶ lively 「生き生きとした，活発な」

☐☐ 035

be fast［sound］asleep は「ぐっすりと眠っている」

Yes / No

☐☐ 036

be（alike / like）*A*「A に似ている」

☐☐ 037

A and *B* look（alike / like）.「A と B は似ている」

☐☐ 038

sit up（late / lately）「夜遅くまで起きている」

☐☐ 039

人を主語にしないのが原則の形容詞，誤りは？
（anxious / convenient / necessary）

☐☐ 040

present は名詞修飾なら「現在の」，補語なら「出席して，
存在して」

Yes / No

☐☐ 041

due は名詞修飾なら「当然の」，補語なら「予定で，期限
がきて」

Yes / No

☐☐ 042

be（capable / possible）of *A* / *do*ing「…することができる」

035 Yes
  ▶ asleep は叙述用法のみ。very（much）asleep とは言わない。

036 答え：like
  ▶ ここでの like は前置詞なので後ろに名詞を置くのが原則。

037 答え：alike
  ▶ 叙述用法専用の形容詞には a- で始まるものが多い。afraid, alone,
  aware, ashamed, awake など。

038 答え：late
  ▶ ここでの late は「遅く」（副詞）。lately「最近」

039 答え：anxious

040 Yes

041 Yes

042 答え：capable

☐☐ 043

be able to *do*「…することができる」の主語は人である。

Yes / No

☐☐ 044

It is possible（for *A*）to *do* は正しいが，例えば I am possible to *do* は誤り。 Yes / No

☐☐ 045

The movie is worth seeing.「その映画は一見の価値がある」 Yes / No

☐☐ 046

It is worth seeing the movie.「その映画は一見の価値がある」 Yes / No

☐☐ 047

It is worthwhile to see the movie.「その映画は一見の価値がある」 Yes / No

☐☐ 048

「多い交通量」（heavy / many）traffic

☐☐ 049

「このジャケットはいくらですか」

How much is this jacket? =（　　　）is the price of this jacket?

043 Yes

044 Yes

045 Yes
▸ The movie is worth seeing it. は誤り。

046 Yes

047 Yes
▸ worth while（2語）とも書く。to see は seeing でも可。

048 答え：heavy
▸ ↔ light traffic

049 答え：What

名詞・代名詞・形容詞・副詞

□ □ 050

　「高い価格」　a (expensive / high) price

□ □ 051

　「劇場には大勢の観客が来ていた」
There was (a large audience / many audiences) at the theater.

□ □ 052

　「わずかな収入」は a small income　　　　　　　Yes / No

□ □ 053

　「重病」a (heavy / serious) illness

□ □ 054

　「濃いコーヒー」は strong coffee　　　　　　　Yes / No

□ □ 055

　「濃霧」は thick fog　　　　　　　　　　　　　Yes / No

□ □ 056

　「激痛」は an acute pain　　　　　　　　　　　Yes / No

□ □ 057

　「その時計は３分遅れている」は The clock is three minutes late.　　　　　　　　　　　　　　　　　　　　　　Yes / No

□ □ 058

　「上司は常に時間に厳しい」は The boss is always strict.

　　　　　　　　　　　　　　　　　　　　　　　　　Yes / No

050 答え：high

▸ ↔ a low price

051 答え：a large audience

▸ crowd, family, population なども同様。

052 Yes

▸ small change「小銭」 charge, expense, sum なども同様。

053 答え：serious

▸ ↔ a slight stomachache「軽い腹痛」

054 Yes

▸ ↔ weak coffee

055 Yes

▸ dense fog, heavy fog も同意。

056 Yes

▸ a sharp pain も同意。

057 No

▸ late は「(時刻が) 遅い」。正しくは The clock is three minutes <u>slow</u>.
slow「(時計が) 遅れて」↔ fast「(時計が) 進んで」

058 No

▸ strict は「(規則などに) 厳しい」。正しくは The boss is always <u>punctual</u>.
punctual「(時計に) 厳密な」

☐☐ 059

「近くのコンビニ（エンスストア）」は a nearby convenience store   Yes / No

☐☐ 060

「5日ごとに」every five days = every（　　　　）day

☐☐ 061

「1日おきに」every other days = every（　　　　）days

☐☐ 062

King's speech at that time became very historical.　誤りは？

☐☐ 063

She gave the second thought to the problem.　誤りは？

☐☐ 064

of action　1語で言い換えると？

☐☐ 065

of promise　1語で言い換えると？

☐☐ 066

of no use　1語で言い換えると？

☐☐ 067

a man of his word　彼はどんな人？

059 Yes
> near は「（場所が）近い」という意味では原級で限定（名詞修飾）的には使えない。nearby を用いる。

060 答え：fifth
> 「…ごとに」every ＋基数＋複数名詞＝ every ＋序数＋単数名詞

061 答え：two
> ＝「2 日ごとに」 every second day も同意。

062 答え：historical
> historical「歴史に関する」→ historic「歴史上重要な」。「その時の王の演説は歴史上大変重要なものになった」。

063 答え：the second
> the second「2 番目の」→ a second ＝ another。「彼女はその問題をもう一度よく考えた」

064 答え：active
> 「活動的な」

065 答え：promising
> 「有望な」

066 答え：useless
> 「役に立たない」

067 答え：「約束を守る人」

□□ 068

a woman of the world　どんな女性？

□□ 069

a person of letters　どんな人？

□□ 070

a person of method　どんな人？

□□ 071

a person of resource　どんな人？

□□ 072

This is the most beautiful sunset I've (ever / never) seen.
「こんな美しい夕日は見たことがない」

□□ 073

since を単独で用いると「それ以来，その後」となる。

Yes / No

□□ 074

ago は「(今から) …前に」で期間を示す語句を前に置く。

Yes / No

□□ 075

期間を示す語句を伴わず「以前に」という場合は ago で
はなく before を用いる。　　　　　　　　　　Yes / No

068 答え：「世慣れた女性」

069 答え：「文学者」

070 答え：「きちんとした人」
▸ method「（行動などの）几帳面さ」

071 答え：「機転に富んだ人」
▸ resource「臨機応変の才」

072 答え：ever
▸ ever「これまでに」。「これは今までに私が見たいちばん美しい夕日だ」

073 Yes

074 Yes
▸ a moment ago「ちょっと前に」

075 Yes
▸ Haven't we met before?「以前にお目にかかっていませんか」

□□ 076

I was introduced to her at the party, but I had met her five days (ago / before).

□□ 077

hardly[scarcely] any *A*「ほとんど *A* がない」　　Yes / No

□□ 078

rarely[seldom]「めったに…ない」（頻度）。　　Yes / No

□□ 079

(Almost / Most) every student agreed with him.

□□ 080

almost, hardly, nearly ほかと異なるのは？

□□ 081

副詞 hard「熱心に」, では hardly は？

□□ 082

high「高い, 高く」, では highly は？

□□ 083

just「ちょうど」, では justly は？

□□ 084

late「遅い, 遅く」, では lately は？

076 答え：before
　▶　「（過去のある時より）…前」。「私はそのパーティーで彼女に紹介されたが，その5日前に私は彼女に会っていた」。

077 Yes
　▶　hardly[scarcely]「ほとんど…ない」（程度）。

078 Yes
　▶　Mr. Kobayashi rarely gets up before noon.「小林さんは昼前に起きることはめったにない」

079 答え：Almost
　▶　「ほとんどすべての生徒が彼に賛成した」。almost「ほとんど」（副詞）。

080 答え：hardly
　▶　準否定の副詞。

081 答え：「ほとんど…ない」

082 答え：「（形容詞・過去分詞を修飾して）非常に」

083 答え：「公正に，当然のことながら」

084 答え：「最近」
　▶　現在完了形や過去形の文で用いる。

□□ 085

otherwise = in a different way「別のやり方で」　Yes / No

□□ 086

otherwise = in every other respect「そのほかの点では」

Yes / No

□□ 087

otherwise = if not「もしそうでなければ」　　Yes / No

□□ 088

otherwise = different「それとは異なって」（形容詞）

Yes / No

□□ 089

go to upstairs「階上へ行く」　　　　　Yes / No

□□ 090

travel to abroad「海外旅行する」　　　Yes / No

□□ 091

play in outdoors「屋外で遊ぶ」　　　　Yes / No

□□ 092

come to home「帰宅［帰国］する」　　　Yes / No

□□ 093

This is too much heavy.　正しい？　　　Yes / No

085 Yes
▹ 文末が多い。

086 Yes

087 Yes

088 Yes
▹ 叙述用法で用いる。

089 No
▹ upstairs「階上へ」(副詞) ↔ downstairs。go upstairs が正しい。

090 No
▹ abroad「海外へ」(副詞) = overseas。travel abroad [overseas] が正しい。

091 No
▹ outdoors「屋外へ」(副詞) ↔ indoors。play outdoors が正しい。

092 No
▹ home「家へ」(副詞)。come home が正しい。home には「家, 故郷」(名詞) や「家の」(形容詞) もある。

093 No
▹ This is much too heavy. が正しい。much too +形容詞・副詞 (原級)

□□ 094

much stronger, much the strongest は正しいが much strong は誤り。　　　　　　　　　　　Yes / No

□□ 095

（very）much〔different / preferable / superior〕は正しい。
　　　　　　　　　　　　　　　　　　　　　　Yes / No

□□ 096

（very）much〔afraid / alike / aware〕は正しい。　Yes / No

□□ 097

most「最も」，では mostly は？

□□ 098

「決して…ない」（　　　）no circumstances,（　　　）no respect,（　　　）no way
異なる前置詞が入るのは？

□□ 099

「決して…ない」（　　　）no account,（　　　）no sense,（　　　）no time
at が入るのは？

□□ 100

before long = soon「間もなく」　　　　　　Yes / No

□□ 101

in advance = ahead「予め」　　　　　　　　Yes / No

094 Yes
> very strong が正しい。

095 Yes

096 Yes

097 答え：「たいていは」

098 答え：under no circumstances
> ほかは in が入る。

099 答え：at no time
> ほかは on no account, in no sense。

100 Yes

101 Yes

□□ 102

　on the spot ＝ immediately　　　　　　　　　　Yes / No

□□ 103

　suddenly ＝ all of（a sudden／suddens）

□□ 104

　generally ＝（　　　）in（　　　　　）
　all／most

□□ 105

　some advices 正しい？　　　　　　　　　　Yes / No

□□ 106

　「手荷物一個」a baggage　正しい？　　　　　Yes / No

□□ 107

　three furnitures　正しい？　　　　　　　　Yes / No

□□ 108

　a useful information「有益な情報」正しくは？

□□ 109

　「機械」machine は可算名詞だが machinery は不可算名詞。
　　　　　　　　　　　　　　　　　　　　　Yes / No

□□ 110

　「1つの知らせ」a news 正しい？　　　　　　Yes / No

102 Yes

▷ 「その場で，即」

103 答え：a sudden

▷ all of a sudden「突然に」

104 答え：all

▷ all in all「概して」

105 No

▷ some advice「何らかの助言」 advice は不可算名詞

106 No

▷ a piece [an item] of baggage [luggage]。baggage [luggage] は不可算名詞。

107 No

▷ three pieces of furniture furniture は不可算名詞。

108 答え：useful information

▷ information は不可算名詞。

109 Yes

▷ a vending machine「自販機」 farm machinery「農業機械」

110 No

▷ a piece [bit] of news news は不可算名詞。

□ □ 111

two poems = two pieces of poetry　正しい？　　Yes / No

□ □ 112

「感動的な景色」a moving scenery 正しい？　　Yes / No

□ □ 113

homework「宿題」, housework「家事」は不可算名詞。

Yes / No

□ □ 114

severe damage は「深刻な損害」　　Yes / No

□ □ 115

make a progress は「進歩する」　　Yes / No

□ □ 116

Have fun! は「楽しんできてね」　　Yes / No

□ □ 117

a nice weather は「晴天」　　Yes / No

□ □ 118

room は「部屋」なら可算名詞だが，「空間，余地」なら
不可算名詞。　　Yes / No

□ □ 119

wealth = riches「富，財産」　　Yes / No

111 Yes

▷ poem は可算名詞，poetry は不可算名詞。

112 No

▷ 正しくは <u>moving scenery</u>。scene は可算名詞，scenery は不可算名詞「(周囲に見える美しい自然の) 風景」。

113 Yes

114 Yes

▷ damage「(加えられた) 損害」は不可算名詞　harm も不可算名詞。

115 No

▷ 正しくは <u>make progress</u>。progress は不可算名詞。

116 Yes

▷ fun「楽しみ」は不可算名詞。

117 No

▷ weather「天候」は不可算名詞。

118 Yes

▷ take up a lot of room「大変場所をとる」

119 Yes

▷ wealth は不可算名詞。

□□ 120

　paper「新聞，論文」なら可算名詞，「（　　　　）」なら
不可算名詞。

□□ 121

　spend moneys like water は「湯水のごとく金を使う」

Yes / No

□□ 122

　a lot of も lots of も不可算名詞につけることができる。

Yes / No

□□ 123

　「宿題」homework は不可算名詞だが，assignment は可算
名詞。　　　　　　　　　　　　　　　　　　　　　Yes / No

□□ 124

　breakfast「朝食」は不可算名詞だが，形容詞（句）を伴う
と可算名詞となる。lunch，dinner，supper も同様。

Yes / No

□□ 125

　「おめでとう」は Congratulation! / Congratulations!

□□ 126

　「関税，税関」は custom / customs

□□ 127

　「気取る，見栄を張る」put on（an air / airs）

120　答え：紙

121　No
　▸　spend <u>money</u> like water　money「金」は不可算名詞。

122　Yes
　▸　lots of fun

123　Yes
　▸　a math assignment「数学の宿題」

124　Yes
　▸　at breakfast「朝食時」　a light breakfast「軽い朝食」

125　答え：Congratulations!

126　答え：customs

127　答え：airs
　▸　airs「気取った態度」

□ □ 128

be on friendly (term / terms) with *A*「A と親しい間柄である」

□ □ 129

be in high (spirit / spirits)「上機嫌である」

□ □ 130

change (a train / trains)「列車を乗り換える」

□ □ 131

shake (a hand / hands) with *A*「A と握手する」

□ □ 132

take (turn / turns) in[at] *do*ing「交替で…する」

□ □ 133

make (a friend / friends) with *A*「A と親しくなる」

□ □ 134

a (pair / pear) of shoes [socks / stockings]
「靴［靴下／ストッキング］1 足」

□ □ 135

two pairs of pants[trousers]「ズボン 2 本」　　Yes / No

□ □ 136

two pairs of (scissor / scissors)「ハサミ 2 丁」

128 答え：terms

▶ terms「間柄，関係」

129 答え：spirits

▶ spirits「気分，気持ち」

130 答え：trains

131 答え：hands

132 答え：turns

▶ turns「順番」

133 答え：friends

134 答え：pair

▶ pear「西洋梨」

135 Yes

136 答え：scissors

▶ 発音注意！ scissors [sízərz]

□□ 137

    (dark / sun) glasses「サングラス」

□□ 138

    glass「グラス, コップ (1杯)」なら可算名詞だが「ガラス」
なら不可算名詞となる。   Yes / No

□□ 139

    a pair of (chopstick / chopsticks)「箸1膳」

□□ 140

    the train (charge / fare) from here

□□ 141

    No admission (charge / fine)「入場無料」

□□ 142

    a membership (fee / wage)「会費」

□□ 143

    a $ 100 (fare / fine)「100ドルの罰金」

□□ 144

    the admission to Tama zoo「多摩動物園の入園料」

              Yes / No

□□ 145

    an electricity (bill / fee)「電気料金請求書」

137 答え： dark

▷ glasses「めがね」= spectacles = eyeglasses

138 Yes

▷ stained glass「ステンドグラス」

139 答え： chopsticks

140 答え： fare

▷ fare「（乗り物の）運賃」

141 答え： charge

▷ charge「（サービスに対して支払う）料金」

142 答え： fee

▷ fee「（専門職が受け取る）報酬，入場料，入会金，授業料」

143 答え： fine

▷ fine「罰金」。penalty も同意。

144 Yes

▷ admission「入場料，入園料」

145 答え： bill

▷ bill「請求書，支払通知書」

□□ 146

「子供の養育費」the（cost / fee）of raising children

□□ 147

「初任給」starting（cash / pay）

□□ 148

wage は「（主に肉体労働に対する）賃金」，salary は「（会社員や教師，弁護士などへの）賃金」。　　　　　Yes / No

□□ 149

「利率が上がった」The rate of（price / interest）has risen.

□□ 150

for（lend / rent）「賃貸用の」

□□ 151

a travel（allowance / fee）「通勤［出張］手当」

□□ 152

public（funds / money）「公的資金」

□□ 153

「100ドルの頭金を支払う」pay a（deposit / price）of $100

□□ 154

audience は「聴衆，観客，視聴者，読者」　　　　Yes / No

□□ 155

「主賓，メインゲスト」a（guest / visitor）of honor

146 答え：cost
  ▹ cost「（算出した）経費」

147 答え：pay
  ▹ pay「（労働に対する一般的な）報酬，給料」

148 Yes

149 答え：interest
  ▹ interest「利息」

150 答え：rent
  ▹ rent「賃貸料，家賃」。for rent = to let

151 答え：allowance
  ▹ allowance「手当，小遣い」

152 答え：funds
  ▹ fund「資金，基金」

153 答え：deposit
  ▹ deposit「頭金，手付金，保証金，敷金」

154 Yes
  ▹ a large / small audience となる。

155 答え：guest
  ▹ guest「招待客，宿泊客」

□□ 156
　「(店の) 常連客」a regular (customer / visitor)

□□ 157
　「そのデザイナーのクライアント」the designer's (cliant / client)

□□ 158
　「飛行機の搭乗客」airline (passengers / visitors)

□□ 159
　「見物人，観客」spectator 反意語は？

□□ 160
　「歯医者を予約する」
　make (an appointment / a promise) with the dentist

□□ 161
　「(ホテル，切符などの) 予約」reservation = (　　　　　)

□□ 162
　「羊の群れ」は a flock of sheep　　　　　　　　Yes / No

□□ 163
　「象の群れ」は a herd of elephants　　　　　　Yes / No

□□ 164
　「狼の一群」は a pack of wolves　　　　　　　Yes / No

156 答え：customer
  ▷ customer「（店・レストランなどの）客」

157 答え：client
  ▷ client「依頼人」（専門職の人に助言を求める人）

158 答え：passengers
  ▷ passenger「（乗り物やエレベーターの）乗客」

159 答え：participant
  ▷ 「関係者，参加者」

160 答え：an appointment
  ▷ appointment「（医者，美容院，面会などの）予約」

161 答え：booking

162 Yes
  ▷ flock「（羊・ヤギ・鳥などの）群れ」

163 Yes
  ▷ herd「（牛・象・鹿などの）群れ」

164 Yes
  ▷ pack「（猟犬・狼などの）群れ」

☐☐ 165

「イルカの群れ」は a school of dolphins　　　　Yes / No

☐☐ 166

shade は「(形のない光の当たらない) 陰」，では「(地面に映った形のある) 影」は？

☐☐ 167

habit は「(個人的な) 習慣」，では「(社会・集団の) 習慣，風習」は？

☐☐ 168

permission は「許可」，では「許可」だけでなく「休暇」の意味も持っているのは？

☐☐ 169

successor は「後継者」，では「相続，連続」は？

☐☐ 170

quality は「質」，では「量」は？

☐☐ 171

「(特定の日や一時的な) 天候」は weather。では「(一地域の長期にわたる) 気候」は？

☐☐ 172

cousin は「いとこ」，では「甥 (おい)」は？

☐☐ 173

surgeon は「外科医」，では「内科医」は？

165 Yes
　▸ school「(魚・くじら・イルカなどの) 群れ」

166 答え：shadow

167 答え：custom

168 答え：leave
　▸ 不可算名詞。paid leave「有給休暇」

169 答え：succession

170 答え：quantity

171 答え：climate

172 答え：nephew
　▸ niece「姪 (めい)」

173 答え：physician

□□ 174

dentist は「歯科医」，では「精神科医」は？

□□ 175

line は「線，列，短い手紙，セリフ，線路」の他に「職種，職業」という意味もある。　　　　　　　　　　　Yes / No

□□ 176

名詞 figure は「数（値），数字」の他に「人物，体つき」という意味もある。　　　　　　　　　　　　　Yes / No

□□ 177

名詞 command は「命令」の他に「（言語を）使える能力」もある。　　　　　　　　　　　　　　　　　Yes / No

□□ 178

might は may の過去形以外に「（大きな）力，権力」（名詞）もある。　　　　　　　　　　　　　　　Yes / No

□□ 179

名詞 sign は「標識，合図」の他に「きざし，兆候」もある。
　　　　　　　　　　　　　　　　　　　　　　　Yes / No

□□ 180

two daughters「2人とも」なら（　　　）of them

□□ 181

three sons「3人全員」なら（　　　）of them

174 答え：psychiatrist
  ▸ 発音注意！ psychiatrist [saɪkáɪətrɪst]

175 Yes

176 Yes
  ▸ a public figure「有名人」

177 Yes
  ▸ have (a) good command of French「フランス語が達者だ」

178 Yes

179 Yes
  ▸ feel a sign of autumn「秋のきざしを感じる」

180 答え：both
  ▸ both「(2つの中で) 両方 (の)」

181 答え：all
  ▸ all「(3つ以上の中で) 全て (の)」

□□ 182

　　I like （　　　　） of her two tunes.「２曲のどちらも好き
じゃない」なら？

□□ 183

　　I like（no / none）of her three tunes.「３曲どれも好きじゃ
ない」なら？

□□ 184

　　（Both / Either）side will do.「（２つのうちの）どちらの側
でもいいです」なら？

□□ 185

　　（Any / Either）book will do.「（３つ以上あるうちの）どの
本でもいいです」なら？

□□ 186

　　I haven't read（all / both）of his works.
「彼の作品を両方とも読んだわけではない」なら？

□□ 187

　　Not（all / any）the students belong to the tennis club.
「（３人以上いる）生徒全員がテニス部に入っているわけで
はない」

□□ 188

　　I don't like（both / either）of them.
「私は彼ら（２人）のどちらも好きではない」

182 答え：neither

▸ neither「（2つの中で）どちらも…ない」

183 答え：none

▸ none「（3つ以上の中で）1つもない」（代名詞）。no は形容詞「1つの…もない」

184 答え：Either

▸ either「（2つの中で）どちら（の…）でも」。each side = both sides

185 答え：Any

▸ any「（3つ以上の中で）どの…でも」（肯定文）

186 答え：both

▸ not both「両方とも…というわけではない」

187 答え：all

▸ not all「（3つ以上の中の）全てではない」= Only some of the students belong to the tennis club.

188 答え：either

▸ not either「（2つの中で）どちらも…ない」

□□ 189

one には a[an] ＋単数形の可算名詞を表す代名詞の用法が
ある。 Yes / No

□□ 190

it は the ＋単数形の可算名詞 / 不可算名詞を表す。

Yes / No

□□ 191

代名詞 one は修飾語句を伴うと a[an]，the や複数の s な
どが付く。 Yes / No

□□ 192

代名詞 one には you，we，people などと同じく「人」を
表す場合がある。 Yes / No

□□ 193

that には the ＋（前出の）単数形の可算名詞 / 不可算名詞
を表す用法がある。it と異なり修飾語句を伴う。 Yes / No

□□ 194

those は those who ...「…する人たち」を表す場合がある。

Yes / No

□□ 195

How many cars do you have?（None / Nothing）.
「まったく持っていない」

189 Yes

▷ one は不可算名詞の代用は不可。

190 Yes

191 Yes

▷ some good ones などのように用いる。

192 Yes

193 Yes

▷ those は同様に複数名詞の代用。

194 Yes

▷ those（who are）involved in the accident「その事故の関係者」

195 答え：None

▷ none「全然ない，一つもない，少しもない」

□□ 196

What's in the case? （None / Nothing）.
「何も入っていない」

□□ 197

each of us，all of us は正しいが，every of us は誤り。

Yes / No

□□ 198

（All the / Each / Every）children「子供たち全員」

□□ 199

many books，many of the books，many the books　誤り
は？

□□ 200

all books，all of the books，all the books　誤りは？

□□ 201

a few books，a few of books，a few of them　誤りは？

□□ 202

almost people，almost all the people，almost everyone
誤りは？

□□ 203

I almost broke the vase.
正しい？　　　　　　　　　　　　　　　　　　　Yes / No

196 答え：Nothing
  ▸ nothing「何もない」

197 Yes
  ▸ every には代名詞の用法が無いので，every of …とは言えない。

198 答え：All the
  ▸ each，every の後は単数名詞がくる。

199 答え：many the books
  ▸ many，much，few，little，some，most などの数量表現は the や所有格の直前には置かないのが原則。all や both は例外。

200 答え：全て正しい。
  ▸ both も同様。

201 答え：a few of books
  ▸ 数量表現＋ of の後の名詞には，the，指示形容詞 (this，that，these，those) をつける。代名詞ならそのままつける。

202 答え：almost people
  ▸ almost ＋ all，no，every，数字などのついた名詞。

203 Yes
  ▸ almost ＋動詞「(もう少しで) …するところで」。「もう少しで花びんを割るところだった」。

□ □ 204

　「もう3週間」　another three（week, weeks）
　正しいのは？

□ □ 205

　「お互いに話す」　talk（each other, to each other）
　正しいのは？

□ □ 206

　「エイミーのこのジャケット」
　Amy's this jacket,　this jacket of Amy's
　正しいのは？

□ □ 207

　myself - yourself - himself, herself, itself
　ourselves - yourselves - theirselves
　誤りは？

□ □ 208

　gentle「穏やかな」, 副詞にすると？

□ □ 209

　dull「鈍い」, 副詞にすると？

□ □ 210

　true「真実の」, 副詞にすると？

204 答え：weeks

205 答え：to each other
  ▷ each other，one another は代名詞。

206 答え：this jacket of Amy's
  ▷ a [an] および this / that / these / those / some / any / no ＋名詞＋ of ＋所有代名詞

207 答え：theirselves
  ▷ 正しくは themselves。

208 答え：gently
  ▷ -le で終わる形容詞は e を取って，-y をつける。

209 答え：dully
  ▷ -ll で終わる形容詞は，-y だけつける。

210 答え：truly
  ▷ -ue で終わる形容詞は e を取って，-ly をつける。

□□ 211

cheap / cheaply, clear / clearly, loud / loudly
それぞれ左右どちらも副詞として用いることができる？

Yes / No

□□ 212

quick / quickly, slow / slowly, smooth / smoothly
それぞれ左右どちらも副詞として用いることができる？

Yes / No

□□ 213

副詞 close「接近して」, では closely の意味は？

□□ 214

副詞 near「近く」, では nearly の意味は？

□□ 215

副詞 short「短く」, では shortly の意味は？

□□ 216

副詞 pretty「かなり」, では prettily の意味は？

□□ 217

absolutely, greatly, quite, somewhat　程度の強い順に
並べると？

□□ 218

副詞 once, 「一度」なら（　　　　）に置き,「かつて」な
ら（　　　　）か文中に置くことが多い。

211 Yes
> 左右どちらも同じ意味で用いてよい。

212 Yes
> 左右どちらも同じ意味で用いてよい。

213 答え:「密接に，細かく注意して」

214 答え:「ほとんど」

215 答え:「すぐに」

216 答え:「きれいに，上品に」

217 答え: absolutely → greatly → quite → somewhat
> absolutely「完全に」→ greatly「非常に」→ quite「結構」→ somewhat「やや」

218 答え: 文尾，文頭

□□ 219

(almost／nearly) nothing「ほとんど何もない」

□□ 220

(almost／nearly) always「ほとんどいつも」

219 答え：almost

▸ 否定語の直前では almost を置く。

220 答え：どちらも正しい

▸ all，always，every の前ではどちらも可。

準動詞

□□ 001

　forget，regret，remember + to 不定詞（*do*）は「これからすること」を表す，動名詞（*do*ing）の場合は？

□□ 002

　need, want, deserve, require + to 不定詞（*do*）は能動の意味を表す，動名詞（*do*ing）の場合は？

□□ 003

　try to *do*「…しようと試みる」，try *do*ing は？

□□ 004

　admit，decide，decline　動名詞を目的語にとる動詞は？

□□ 005

　avoid，claim，demand　動名詞を目的語にとる動詞は？

□□ 006

　consider，desire，determine　動名詞を目的語にとる動詞は？

□□ 007

　deny，expect，hope　動名詞を目的語にとる動詞は？

001 答え：すでにしたことを表す。

002 答え：受動の意味を表す。

003 答え：「試しに…してみる」
> うまくいくかどうか実際にやってみることを表す。

004 答え：admit *doing*
> decide to *do*，decline to *do*

005 答え：avoid *doing*
> claim to *do*，demand to *do*

006 答え：consider *doing*
> desire to *do*，determine to *do*

007 答え：deny *doing*
> expect to *do*，hope to *do*

□□ 008

　enjoy, escape, learn　不定詞（to *do*）を目的語にとる動詞は？

□□ 009

　evade, manage, offer　動名詞を目的語にとる動詞は？

□□ 010

　excuse, finish, mean　不定詞（to *do*）を目的語にとる動詞は？

□□ 011

　give up, imagine, pretend　不定詞（to *do*）を目的語にとる動詞は？

□□ 012

　include, mind, promise　不定詞（to *do*）を目的語にとる動詞は？

□□ 013

　involve, postpone, refuse　不定詞（to *do*）を目的語にとる動詞は？

□□ 014

　put off, resolve, seek　動名詞を目的語にとる動詞は？

□□ 015

　appreciate, miss, suggest　動名詞を目的語にとる動詞はいくつある？

008 答え：learn to *do*

▶ enjoy *do*ing, escape *do*ing

009 答え：evade *do*ing

▶ manage to *do*, offer to *do*

010 答え：mean to *do*

▶ finish *do*ing, mean *do*ing

011 答え：pretend to *do*

▶ give up *do*ing, imagine *do*ing

012 答え：promise to *do*

▶ include *do*ing, mind *do*ing

013 答え：refuse to *do*

▶ involve *do*ing, postpone *do*ing

014 答え：put off *do*ing

▶ resolve to *do*, seek to *do*

015 答え：3つ

□ □ 016

stop *do*ing「…するのをやめる」，では stop to *do* は？

□ □ 017

All I can do is to encourage my student. to は省略できる？

Yes / No

□ □ 018

help ／ know + *A* (to) *do* は正しい？　　　　Yes / No

□ □ 019

make，let，have + *A* + *do*「A に…させる」使役動詞

Yes / No

□ □ 020

see，hear，feel などの知覚動詞 + *A* + *do*「A が…するのを見る，聞く，感じるなど」　　　　Yes / No

□ □ 021

see，hear などの知覚動詞 + *A* + *do*ing「A が…しているところを見る，聞くなど」　　　　Yes / No

□ □ 022

catch, find + *A* + *do*ing「A が…しているところを見つける」

Yes / No

016　答え：「…するために立ち止まる」

017　Yes

▸ be 動詞（is）の主部（All I can do）に do が含まれている場合には to を
省くことができる。

018　Yes

▸ to は省くことが多い。know + A（to）do「A が…したのを見聞きした
ことがある」

019　Yes

020　Yes

▸ do は一部始終（初めから終わりまで）を表す。

021　Yes

▸ doing は動作の途中を表す。

022　Yes

▸ (to) do は不可。

□ □ 023

make, let, have + *A* + *do*ing, 正しいのは have だけ？

Yes / No

□ □ 024

keep + *A* + *do*ing「A に…させ続ける」, leave + *A* + *do*ing の意味は？

□ □ 025

Needless to say, ... = It goes without (　　　　) that ...
「…は言うまでもない」

□ □ 026

see, hear などの知覚動詞 + *A* + *done*「A が…されるのが見える，聞こえる」など

Yes / No

□ □ 027

make *oneself*（hear / heard）「自分の声が聞こえるようにする」

□ □ 028

make *oneself*（understand / understood）「自分の考え［言葉］を人にわからせる」

□ □ 029

make *oneself*（know / known）to *A*「A に自己紹介する」

023 Yes

▸ have + *A* + *do*ing「A を…させておく」（状態の持続）

024 答え：「A を…のままにしておく」

▸ 放置・放任

025 答え：saying

026 Yes

▸ *done* は受動を表す。

027 答え：heard

▸ make *one*'s voice heard も同意。

028 答え：understood

029 答え：known

□□ 030

leave something（unsay / unsaid）「何かを言わないまま
にしておく」

□□ 031

have my car（repair / repaired）by tomorrow「明日まで
に車を修理してもらう」

□□ 032

I got my finger（cut / cutting）with a knife.
「ナイフで指を切ってしまった」

□□ 033

It is impossible to *do* = There is（　　　　）*do*ing「…で
きない」

□□ 034

feel like *do*ing = feel inclined（*do*ing / to *do*）
「…したい気分だ」

□□ 035

How about *do*ing? = What do you say to（*do*ing / to *do*）?
「…するのはどうですか？」

□□ 036

so as to *do* = in order to *do*「…するために」否定形は？

030 答え：unsaid

031 答え：repaired

032 答え：cut（過去分詞）

033 答え：no

034 答え：to *do*

035 答え：*do*ing
　▶ = Why don't you *do*? = Why not *do*?

036 答え：so as not to *do* = in order not to *do*

□□ 037

the first person to come to the party（　　　　）
「最初にパーティーに来る人」空所に前置詞は必要？

Yes / No

□□ 038

a large family to support（　　　　）
「養わなければならない大家族」空所に前置詞は必要？

Yes / No

□□ 039

a town to live（　　　　）
「住む町」

□□ 040

an effort to live a happy life（　　　　）
「幸せな生活を送る努力」空所に前置詞は必要？　Yes / No

□□ 041

〜 , only to *do*「〜したが，（結局）…するだけ」　Yes / No

□□ 042

〜 , never to *do*「〜して，二度と…しない」　Yes / No

□□ 043

She is very difficult to please（her / 不要）.
「彼女は大変気難しい人だ」

037 No

▸ 不定詞形容詞用法（主格関係）

038 No

▸ 不定詞形容詞用法（目的格関係）

039 答え：in

▸ 不定詞形容詞用法（目的格関係）

040 No

▸ 名詞（an effort）と同格。

041 Yes

▸ 不定詞副詞用法（結果）。直前にコンマ（,）を置くことが多い。

042 Yes

▸ 不定詞副詞用法（結果）。直前にコンマ（,）を置くことが多い。

043 答え：不要

▸ 不定詞副詞用法（形容詞の限定）。please の目的語（her）が主語となっている。

□□ 044

We have (little enough / enough little) time.
「ほんのわずかしか時間がない」

□□ 045

There isn't enough *shochu*.
「焼酎が十分にない」語順は正しい？　　　　　Yes / No

□□ 046

This chair is (so / too) heavy to lift.

□□ 047

He explained (how to use / to use) the smartphone to his grandfather.

□□ 048

「A だとは言わないまでも」not to (　　　　) A

□□ 049

「A は言うまでもなく」 not to (mention / say / speak) A

□□ 050

「A は言うまでもなく」 not to (mention / say / speak) nothing of A

□□ 051

「A は言うまでもなく」 not to (mention / say / speak) of A

044 答え：little enough

 ▹ enough は little を修飾する副詞で動詞・形容詞・副詞の後に置く。

045 Yes

 ▹ 形容詞の enough は名詞の前に置いてもよい。

046 答え：too

 ▹ ＝ This chair is so heavy that I can't lift it. 「この椅子は重すぎて持ち上げられない」

047 答え：how to use

 ▹ 「彼はスマホの使い方を祖父に説明した」。explain, show, suggest, wonder などは疑問詞＋ to *do* を目的語にとるが，不定詞（to *do*）は目的語にとらない。

048 答え：say

049 答え：mention

050 答え：say

051 答え：speak

□□ 052

「言わば」（as / so）to speak

□□ 053

「さらに悪いことには」to make（　　　）worse

□□ 054

to be frank with you 意味は？

□□ 055

to tell the truth 意味は？

□□ 056

［seem / appear / look］＋ C「C に見える」は正しいが，
［seem / appear / look］to *do*，正しくないのは？

□□ 057

She seems to have gone to Paris. ＝（　　　）seems that
she has gone to Paris.

□□ 058

It is（difficult / possible / bold）for *A* to *do*　誤りは？

□□ 059

It is（brave / careless / dangerous）of *A* to *do*　誤りは？

□□ 060

It is possible for *A* to *do* と It is possible that 節とでは
possible の意味は異なる？　　　　　　　　　　Yes / No

052 答え：so

  ▶ = as it were

053 答え：matters

  ▶ = what is / was worse

054 答え：「率直に言うと」

055 答え：「実を言うと」

056 答え：look

  ▶ look to *do* は正しくない。

057 答え：It

  ▶ 「彼女はパリに行っているらしい」

058 答え：bold

  ▶ bold「大胆な」。It is（人物についての評価）<u>of</u> *A* to *do*

059 答え：dangerous

  ▶ dangerous「危険な」。It is（事柄についての評価）<u>for</u> *A* to *do*

060 Yes

  ▶ 前者では「可能な」。後者では「あり得る」。

□□ 061

She（　　　　　）to solve the problem.「彼女はその問題が解けなかった」

□□ 062

She（　　　　　）to solve the problem.「彼女はなんとかその問題を解くことができた」

□□ 063

I can't（　　　　　）to hire an assistant.「私は助手を雇う余裕がない」

□□ 064

wish to *do* と wish（that）節とでは意味内容が異なる。

Yes / No

□□ 065

be supposed to *do* ≒ ought to *do* となる場合がある。

Yes / No

□□ 066

would rather（*do* / to *do*）「むしろ…したい」

□□ 067

would（rather not / not rather）*do*「むしろ…したくない」

□□ 068

to begin（　　　　　）「まず第一に」

061 答え：failed

▸ fail to *do*「…しない，できない」

062 答え：managed

▸ manage to *do*「どうにか…する」

063 答え：afford

▸ can afford to *do*「…する余裕がある」

064 Yes

▸ wish to *do* ≒ want to *do* だが，wish (that) 節では節内の動詞は仮定法（実現できそうもないこと）にする。

065 Yes

▸「…することになっている，するはずだ」

066 答え：*do*

067 答え：rather not

068 答え：with

□□ 069
to say the（　　　　）「控えめに言っても」

□□ 070
「落ち葉」（fallen / falling）leaves

□□ 071
「盗まれたダイヤ」the（　　　　）diamond

□□ 072
Little boys came（　　　　）.
「小さな男の子たちが走ってやってきた」

□□ 073
（surprise）news「驚くようなニュース」変化形は？

□□ 074
「コロナに感染した人」a person（infect）with the coronavirus　変化形は？

□□ 075
「驚いた顔つき」a（surprise）look　変化形は？

□□ 076
「ヘトヘトになっている人たち」（exhaust）people　変化形は？

□□ 077
「消耗する仕事」（exhaust）jobs　変化形は？

069　答え：least

070　答え：fallen
　▶　fall「落ちる」自動詞の過去分詞は能動的な意味で完了を表すことが多い。
　　　fallen「落ちてしまった」

071　答え：stolen
　▶　steal「盗む」他動詞の過去分詞は受動的な意味を持つのが普通。

072　答え：running

073　答え：surprising
　▶　「驚かせるような（ニュース）」

074　答え：infected
　▶　「感染させられた（人）」

075　答え：surprised
　▶　「驚かせられた（顔つき）」

076　答え：exhausted
　▶　「消耗させられた（人々）」

077　答え：exhausting
　▶　「消耗させるような（仕事）」

□□ 078

The performance was（please）to the audience.
「その演技は観客にとって楽しいものだった」
変化形は？

□□ 079

「（彼女が）目を閉じたまま」with her eyes（close）
変化形は？

□□ 080

「（彼が）足を組んで」with his legs（cross）　変化形は？

□□ 081

「（彼女の）長い髪が風になびいて」with her long hair
（blow）in the breeze　変化形は？

□□ 082

Feeling exhausted, I went to bed earlier than usual.
＝ Because I（feel）exhausted, I went to bed earlier than
　　usual.

□□ 083

Having already read the novel, I knew the story.
＝ Because I（already read）the novel, I knew the story.

□□ 084

「天気が良ければ」weather（　　　　　）

078 答え：pleasing
  ▷ 「喜ばせるような」

079 答え：closed

080 答え：crossed

081 答え：blowing

082 答え：felt
  ▷ 「私は疲れ果てていたので，いつもより早く就寝した」。述語動詞（went）と同じ「時」を表す。

083 答え：had already read
  ▷ 「すでにその小説を読んでいたので，私はストーリーを知っていた」。述語動詞（knew）の表す「時」よりさらに前の時を表す。

084 答え：permitting

PART 3

準動詞

broadly speaking「(　　　　　)言うと」

frankly speaking「(　　　　　)言うと」

generally speaking「(　　　　)言うと」

strictly speaking「(　　　　)言うと」

judging from A「A から(　　　　)」

<u>She</u> listening to classical music every morning is part of her job.　下線部は誤り？　　　　　　　　　Yes / No

My mother insisted on <u>my</u> studying abroad.　下線部は me も可？　　　　　　　　　　　　　　　　　Yes / No

be busy (　　　　　)「…するのに忙しい」

have difficulty [trouble] (　　　　　)「…するのが困難だ」

085 答え：「大ざっぱに」

086 答え：「率直に」

087 答え：「一般的に」

088 答え：「厳密に」

089 答え：「判断すると」

090 Yes
  ▶ 正しくは Her listening to …　動名詞の意味上の主語。「彼女が毎朝クラ
    シック音楽を聴いているのは，仕事の一部だ」

091 Yes
  ▶ 動名詞の意味上の主語は，所有格または目的格がふつう。「母は私が留学
    するようにと言い張った」

092 答え：(in) doing

093 答え：(in) doing

□□ 094

It is no use［good］（　　　　　）「…しても無駄である」

□□ 095

On *do*ing　意味は？

□□ 096

feel（　　　　　）*do*ing「…したい気分だ」

□□ 097

never ... without *do*ing「…すれば（　　　　　）〜」

□□ 098

spend *A*（　　　　　）「…するのに *A*（時間・労力）を使う」

□□ 099

cannot help（*do* / *do*ing）「…しないわけにはいかない」

□□ 100

be used to（*do* / *do*ing）「…するのに慣れている」

□□ 101

look forward to（*do* / *do*ing）「…するのを楽しみに待つ」

□□ 102

What do you say to（*do* / *do*ing）？「…したらどうだろう」

□□ 103

sleeping pandas
sleeping は（現在分詞 / 動名詞）

094 答え：*do*ing

095 答え：「…するとすぐ，…と同時に」
> ▶ 時間的接触を表す。

096 答え：like

097 答え：必ず

098 答え：(in) *do*ing

099 答え：*do*ing
> ▶ = cannot help but *do*

100 答え：*do*ing
> ▶ = *be* accustomed to *do*ing

101 答え：*do*ing

102 答え：*do*ing
> ▶ = How about *do*ing?

103 答え：現在分詞
> ▶ 「眠っているパンダ」

□□ 104

　sleeping bags
　sleeping は（現在分詞 / 動名詞）

□□ 105

　bird watching
　watching は（現在分詞 / 動名詞）

□□ 106

　dining room
　dining は（現在分詞 / 動名詞）

□□ 107

　hearing aid
　hearing は（現在分詞 / 動名詞）

□□ 108

　walking stick
　walking は（現在分詞 / 動名詞）

□□ 109

　go shopping［fishing / swimming / skiing / dancing］
　正しい？ 　　　　　　　　　　　　　　　　　Yes / No

□□ 110

　go sightseeing（in / to）Kanazawa「金沢見物をする」

104 答え：動名詞

▷ 「寝袋」＝ bags for sleeping

105 答え：動名詞

▷ 「野鳥（を）観察（すること）」

106 答え：動名詞

▷ 「食堂」＝ room for dining

107 答え：動名詞

▷ 「補聴器」＝ aid for hearing

108 答え：動名詞

▷ 「杖」＝ stick for walking

109 Yes

▷ go doing「…しに行く」。doing にはスポーツ・娯楽・気晴らしに関する
動詞がくることが多い。

110 答え：in

▷ sightseeing in Kanazawa と考える。

時制・仮定法

☐☐ 01

　動詞 wash, 現在時制において主語が3人称単数の時の形は？

☐☐ 02

　動詞 fly, 現在時制において主語が3人称単数の時の形は？

☐☐ 03

　動詞 play, 現在時制において主語が3人称単数の時の形は？

☐☐ 04

　動詞 pass, 現在時制において主語が3人称単数の時の形は？

☐☐ 05

　動詞 mix, 現在時制において主語が3人称単数の時の形は？

☐☐ 06

　動詞 buzz, 現在時制において主語が3人称単数の時の形は？

☐☐ 07

　動詞 judge, 現在時制において主語が3人称単数の時の形は？

☐☐ 08

She has a bad cold. 「彼女はひどい風邪をひいている」
正しい？　　　　　　　　　　　　　　　　　　　　Yes / No

01 答え：washes

02 答え：flies

03 答え：plays

04 答え：passes

05 答え：mixes

06 答え：buzzes

07 答え：judges

08 Yes
▶ 現在を中心とした状況

PART 4

時制・仮定法

□□ 09

The earth (go) around the sun. 「地球は太陽の周りを回っ
ている」

□□ 10

My dad (wear) jeans to work.
「私の父はジーンズをはいて仕事に行く」

□□ 11

My mom's birthday is next week.
正しい？   Yes / No

□□ 12

I'll call you as soon as I (get / will get) to Shinjuku.

□□ 13

Here (came / comes) our bus.
「私たちの乗るバスが来た」

□□ 14

Mishia wants to know if it (rains / will rain) in Shinjuku.

□□ 15

I'll stay at home if it (rains / will rain) tomorrow.

09 答え：goes

▸ 常に成り立つ状況や心理

10 答え：wears

▸ 日常の習慣

11 Yes

▸ 「母の誕生日は来週です」。確定的な未来・予定。

12 答え：get

▸ 「新宿に着き次第あなたに電話をします」。時を表す副詞節中では，未来のことでも現在形を用いる。

13 答え：comes

▸ 乗るべきバスが見えている。

14 答え：will rain

▸ 「ミーシャは新宿で雨が降るかどうか知りたがっている」。疑問を表す名詞節。

15 答え：rains

▸ 「もし明日雨が降れば，私は家にいる」。条件を表す副詞節中では，未来のことでも現在形を用いる。

☐☐ 16

I got up, took a shower, and made coffee.
正しい？   Yes / No

☐☐ 17

英語の動詞には未来を表す1語の変化形はない？
                                                    Yes / No

☐☐ 18

will *do* が表す未来は予測と（   ）。

☐☐ 19

be going to *do* が表す未来は前もって考えられた意図「…
するつもり」と（   ）。

☐☐ 20

be about to *do* = *be* going to *do* very（   ）

☐☐ 21

I'm flying to Paris this Thursday.
正しい？   Yes / No

☐☐ 22

I leave for Paris this Thursday.
正しい？   Yes / No

☐☐ 23

I'll be waiting for you at the gate.
正しい？   Yes / No

16 Yes

▸ 「私は起きて，シャワーを浴びて，コーヒーを入れた」。起こった時間順
に並んでいる。

17 Yes

18 答え：（その場で決定する）意志「…しますよ」

▸ 予測「…だろう」

19 答え：予測「…だろう」

▸ なんらかの原因があって will よりも確信度が強い。

20 答え：soon

21 Yes

▸ 現在進行形で確定的な予定を表す。

22 Yes

▸ 「今週の木曜日にパリへ発ちます」。現在形で，確定的でゆるがぬ未来を
表す。

23 Yes

▸ 「門のところでお待ちしています」。will be *doing* で未来の予定を表す。

時
制
・
仮
定
法

PART

□□ 24

現在完了形 have[has] *done* は，過去のある時から今まで
の間にあったことを表す表現である。　　　　　　Yes / No

□□ 25

She has just called me up. は正しい文だが，She has called
me up just now. は誤りである。　　　　　　　　Yes / No

□□ 26

When (did you see / have you seen) her last?
「最後に彼女に会ったのはいつですか」

□□ 27

have (already / just / yet) done 位置が誤りなのは？

□□ 28

現在完了経験用法において，before, ever, never, often,
once, 〜 times を伴うことが多いが，ever の意味は？

□□ 29

I have just been to the post office.
「郵便局に（　　　　　）」

□□ 30

I've been to over 50 countries.
「50 を超える国々に（　　　　　）」

24 Yes
▸ 完了，経験，継続，結果などの分類が一般的。

25 Yes
▸ 文末の just now「たった今」は過去時制と用いるのが普通。She called me up just now. が正しい。

26 答え：did you see
▸ 特定の時を尋ねる when の疑問文で現在完了は不可。

27 yet
▸ 否定文・疑問文の文末か否定語の直後で用いる。

28 答え：「これまでのいつの時点でも」
▸ 特に訳出する必要はない。

29 答え：行ってきたところだ
▸ 完了用法

30 答え：行ったことがある
▸ 経験用法

時制・仮定法

□□ 31

「3年前から」

for three years = since three years ago

正しい？　　　　　　　　　　　　　　　　　　　　Yes / No

□□ 32

had done 過去完了形は，過去のある時よりもさらに前か
らのことを表す。　　　　　　　　　　　　　　　　Yes / No

□□ 33

will have done 未来完了形は，未来のある時点までのこと
を表す。　　　　　　　　　　　　　　　　　　　　Yes / No

□□ 34

⌈ I live in Osaka.
⌊ I'm living in Osaka at the moment.

違いは？

□□ 35

The bus is stopping.

「バス が（止まっている / 止まりかけている）」

□□ 36

She is constantly taking breaks.

正しい？　　　　　　　　　　　　　　　　　　　　Yes / No

□□ 37

未来進行形は，will（　　　　　）doing で表す。

31 No

▷ since と ago は併用しないのがふつう。

32 Yes

33 Yes

34 答え：前者（live）は継続した状態，後者（am living）は一時的な状態

▷ 「私は大阪に住んでいます」「私は今，大阪に住んでいます」

35 答え：止まりかけている

▷ 停止に向けて移行中の動作。

36 Yes

▷ 「彼女はいつも休憩ばかりしている」。しつこく反復される動作への不満感。constantly の代わりに always も可。

37 答え：be

▷ 未来のある時に進行中の動作・出来事を表す。

□□ 38

現在完了進行形は，have［has］（been / being）*do*ingで表す。

□□ 39

belong（to），consist（of），contain，ふつう進行形にしない動詞はいくつある？

□□ 40

depend（on），exist，resemble，ふつう進行形にしない動詞はいくつある？

□□ 41

deserve，differ，involve，ふつう進行形にしない動詞はいくつある？

□□ 42

own，possess，contain，ふつう進行形にしない動詞はいくつある？

□□ 43

hear「聞こえる」，see「見える」，smell「臭いがする」，taste「味がする」，ふつう進行形にしない動詞はいくつある？

□□ 44

believe，doubt，hate，ふつう進行形にしない動詞はいくつある？

38 答え：been
- 過去のある時から現在まで進行中の動作・出来事を表す。

39 答え：3つ
- 状態や構成を表す動詞

40 答え：3つ
- 状態や構成を表す動詞

41 答え：3つ
- 状態や構成を表す動詞

42 答え：3つ
- 状態や構成を表す動詞

43 答え：4つ
- 知覚を表す動詞

44 答え：3つ
- 心理状態を表す動詞

□ □ 45

　imagine, know, like, ふつう進行形にしない動詞はいく
つある？

□ □ 46

　dislike, love, prefer, ふつう進行形にしない動詞はいく
つある？

□ □ 47

　remember, suppose, think, ふつう進行形にしない動詞
はいくつある？

□ □ 48

　understand, want, wish, ふつう進行形にしない動詞は
いくつある？

□ □ 49

　「電話がなった時，ランチをとっていた」I was having
lunch when my phone rang.
　正しい？　　　　　　　　　　　　　　　　　　Yes / No

□ □ 50

　「母は近頃気難しい」My mother is being difficult lately.
　正しい？　　　　　　　　　　　　　　　　　　Yes / No

□ □ 51

　仮定法過去：（　　　　　）の事実の反対のことを想定して
述べる。

• 150

45 答え：3つ

▷ 心理状態を表す動詞

46 答え：3つ

▷ 心理状態を表す動詞

47 答え：3つ

▷ 心理状態を表す動詞。ただし，think を「(自発的に) 考える」という動作動詞として使う場合は進行形にすることができる。What are you thinking about?「何を考えているの？」

48 答え：3つ

▷ 心理状態を表す動詞

49 Yes

▷ have「食べる・飲む」は動作を表す。

50 Yes

▷ 一時的な状態を表す進行形

51 答え：現在

▷ If I were a bird, I could fly to you.「もし私が鳥ならば，あなたのところへ飛んでいけるのに」

□□ 52

　仮定法過去完了：（　　　　）の事実の反対のことを想定
して述べる。

□□ 53

　If only ＋仮定法！
　意味は？

□□ 54

　仮定法に対して，事実をそのまま述べる場合に用いる動詞
の形を（　　　　）法という。

□□ 55

　仮定法現在：動詞の（　　　　）を用いる。要求・提案・必
要・命令などを示す動詞の目的語の働きをする that 節の中
で用いることが多い。

□□ 56

　should や were to を用いた仮定法：（　　　　）に起こる
可能性が低いと想定して述べる。

□□ 57

　If S′ were to *do* ..., S could / might / should / would *do* ～
were to の意味は？

□□ 58

　If S′ should *do* ...,
　意味は？

52 答え：過去

▷ If you had studied harder, you would have passed the exam.「もっと一生懸命勉強していたら，あなたは試験に合格したでしょうに」

53 答え：「…さえあったら」

▷ I wish ... より強い言い方。

54 答え：直説（法）

55 答え：原形

▷ Kate proposed that the meeting be postponed. 「ケイトは会議を延期することを提案した」

56 答え：未来

▷ If Johnny should come here, I will let you know at once. 「万一ジョニーがここに来たら，すぐに知らせます」

57 答え：「仮に…」と訳すことが多い。

▷ 実現可能性の有無に関わりなく，単なる想定を表す。

58 答え：「万一…ならば」と訳すことが多い。

▷ 実現可能性が全くない場合には用いない。

仮定法の if 節：If you were ... ＝（　　　　　）you ...

仮定法の if 節：If I had known ... ＝（　　　　　）I known ...

仮定法の if 節：If he should ... ＝（　　　　　）he ...

It is necessary that S (should) *do* ...
正しい？　　　　　　　　　　　　　　　　Yes / No

It is time (that) you went to bed.
正しい？　　　　　　　　　　　　　　　　Yes / No

仮定法：If it were not[had not been] for ... ＝（　　　　　）
...

仮定法：If it were not[had not been] for ... ＝（　　　　　）
for ...

59 答え：Were（you ...）
  ▸ if の省略

60 答え：Had（I known ...）
  ▸ if の省略

61 答え：Should（he ...）
  ▸ if の省略

62 Yes
  ▸ should は省略されることが多い。

63 Yes
  ▸ 「君は寝る時間だ」。went は仮定法過去。

64 答え：Without
  ▸ 「もし…がない［なかった］ならば」

65 答え：But
  ▸ 「もし…がない［なかった］ならば」

関係詞・接続詞・前置詞

☐ ☐ 001

　Is that the lady（whose father I met ／ whose I met father）last week?

☐ ☐ 002

　先行詞に最上級, first, only, best などがついている場合, 関係代名詞は that が好まれる。　　　　　　　　　　Yes / No

☐ ☐ 003

　先行詞が all, anything, everything, nothing などの場合, 関係代名詞は that が好まれる。　　　　　　　　　　Yes / No

☐ ☐ 004

　She was not the skilled lawyer that she is today. は正しい。　　　　　　　　　　　　　　　　　　　Yes / No

☐ ☐ 005

　She would not believe（that ／ what）I told her.

☐ ☐ 006

　Taipei is a city（what ／ which）I'd like to visit again.

001 答え：whose father I met
▶ 「あちらが，先週私が父親に会った女性ですか」。whose は所有格の関係代名詞

002 Yes

003 Yes

004 Yes
▶ 「彼女は今日の彼女のような熟練した弁護士ではなかった」。職業や性格が補語になる場合，関係代名詞は that が好まれるが省略することも多い。(,) の直後では which となる。

005 答え：what
▶ 「彼女は私が言ったことを信じようとしなかった」。空所の直前に先行詞がない。

006 答え：which
▶ 「台北は私がまた訪れたいと思う都市だ」。a city が先行詞。

□ □ 007

コンマを打った非制限用法の後では目的格のwhichであっても省略できない。　　　　　　　　　　　　　　Yes / No

□ □ 008

関係代名詞 that に所有格はない。　　　　　　　　Yes / No

□ □ 009

関係代名詞 that に非制限用法はない。　　　　　　Yes / No

□ □ 010

前置詞＋関係代名詞では that は用いないのが原則である。

Yes / No

□ □ 011

what little cash I have「手持ちのなけなしの現金」

Yes / No

□ □ 012

what is called, what we[you] call 意味は？

□ □ 013

A is to *B* what *C* is to *D*　どういう内容？

□ □ 014

(That / What) shc said is true.

□ □ 015

Last night Cindy told me about her new job in Tokyo, (which / where) she appears to be enjoying very much.

007 Yes

008 Yes

009 Yes

010 Yes

011 Yes
> ▸ 関係形容詞 what「(少ないながらも)すべての…」

012 答え：「いわゆる」

013 答え：A：B＝C：D
> ▸ what の代わりに as を用いることも多い。

014 答え：What
> ▸ 「彼女が言ったことは真実だ」。接続詞 that ＋完全文

015 答え：which
> ▸ 「昨晩シンディは私に，東京での新しい仕事について話をしてくれた。彼女はそ
>   れをとても楽しんでいるようにみえる」。be enjoyingの目的語が欠けている。

□□ 016

　　that も関係副詞として用いることができる？　　　Yes / No

□□ 017

　　関係副詞 why，how に非制限用法はない。　　　Yes / No

□□ 018

　　the way how（関係副詞）とはせず，the way だけか how
だけを用いる。　　　　　　　　　　　　　　　　　Yes / No

□□ 019

　　（by / by the time）she comes「彼女が来る頃までには」

□□ 020

　　Try you might, you couldn't get the engine started.
　　「いくらやってみても，エンジンをスタートさせることは
できないでしょう」
　　as を入れるのはどの語の後？

□□ 021

　　（　　　　　）condition that ...
　　「…という条件で」

□□ 022

　　（　　　　　）the effect that ...
　　「…という趣旨で［の］」

016 Yes

▸ when, where, why, how の代わり。

017 Yes

018 Yes

019 答え：by the time

▸ by the time ＋文

020 答え：Try

▸ Try as you might, ... 「(あなたが) 一生懸命やっても…」

021 答え：on

▸ 同格の that 節

022 答え：to

▸ 同格の that 節

(　　　　　) the result that ...
「そして…という結果となる」

be (　　　　　) the opinion that ...
「…という意見である」

I sang the (as / way) she did.
「私は彼女の歌う通りに歌った」

the way she speaks は「彼女の話しぶりから判断すると」
Yes / No

the (moment / soon) we arrive at Haneda
「羽田に着いたらすぐに」

every time she goes out
「彼女が外出する度に」　　　　Yes / No

in (case / fear) anything urgent happens
「緊急事態に備えて」

023 答え：with
  ▸ 同格の that 節

024 答え：of
  ▸ 所有の of。同格の that 節。

025 答え：way
  ▸ the way ≒ as「…のように」

026 Yes
  ▸ the way ...「…から判断すると」

027 答え：moment
  ▸ the moment［instant, minute］...＝ as soon as ...

028 Yes
  ▸ every time ...「…する度に」

029 答え：case
  ▸ in case ...「…の場合に備えて，…するといけないので」

関係詞・接続詞・前置詞

□ □ 030

She did（all / nothing but）cry all day.
「彼女は一日中泣いてばかりいました」

□ □ 031

（Once / Since）she gets to sleep, she doesn't awake easily.
「いったん寝入ってしまうと，彼女は簡単には起きない」

□ □ 032

（Now / Since）that it has stopped snowing, let's go out.
「もう雪がやんでいるので，出かけよう」

□ □ 033

Humans differ from animals（in that / when）they can speak.
「人間はしゃべることができるという点で動物と異なっている」

□ □ 034

It is too late;（beside / besides）, I'm very tired.
「もう遅すぎるし，それにとても疲れている」

□ □ 035

The noise was（so / such）that I couldn't hear anything.
「騒音は何も聞き取れないくらいひどかった」

030 答え：nothing but「…だけ」
 ▸ but「…を除いて」

031 答え：Once「いったん…すると」

032 答え：Now
 ▸ now (that) …「今はもう…なので」

033 答え：in that「…という点で（は）」
 ▸ …には完全文が入る。

034 答え：besides「その上」（副詞）
 ▸ beside は「…のそばに」（前置詞）。

035 答え：such
 ▸ such that …「あまりにもはなはだしいので…，…するほどのもの」

□ □ 036

（Beside / Besides）walking, laughing is good for your health.

「歩くだけでなく，笑うことも健康のためによい」

□ □ 037

"Excuse me,（and / but）do you have the time?"

「すみませんが，何時でしょうか」

□ □ 038

She was unhappy（and / while）wanted to go home.

□ □ 039

Come（and / for）see me.

「遊びにおいでよ」

□ □ 040

Let's go eat *ramen*.

「ラーメン食べに行こうよ」

正しい？   Yes / No

□ □ 041

She neither trust（nor / or）make friends with anyone.

「彼女は誰も信用しないし，親しくもならない」

□ □ 042

Lower your voice,（and / or）our private talk will be heard.

036 答え：Besides「…に加えて」（前置詞）
▹ = In addition to

037 答え：but

038 答え：and
▹ 「彼女は悲しかったので家に帰りたかった」。前半と共通の主語を省略。

039 答え：and
▹ = Come (to) see me.

040 Yes
▹ go eat = go to eat = go and eat

041 答え：nor
▹ neither *A* nor *B*「A も B も…ない」

042 答え：or
▹ 「もっと声を小さくして。さもないと内緒話が聞こえるよ」。命令文…, or
　 〜「…しなさい，さもないと〜」

□□ 043

also, besides, moreover
共通の意味は？

□□ 044

else, otherwise
共通の意味は？

□□ 045

however「しかしながら」, still「それでも」, yet「それに
もかかわらず」, nevertheless「それにもかかわらず」
品詞は？

□□ 046

consequently, hence, therefore
共通の意味は？

□□ 047

that is (to say)「すなわち」
1語で言い換えると？

□□ 048

「たとえば」 for example = for (i　　　　)

043 答え：「その上」（接続副詞）

044 答え：「さもないと」（接続副詞）
- else は or else の形で用いることが多い。

045 答え：（接続）副詞
- but は等位接続詞。

046 答え：「それゆえ，したがって」（接続副詞）

047 答え：namely
- 文章中では i.e. という略号が用いられることもある。

048 答え：instance

関係詞・接続詞・前置詞

□□ 049

「我思う，ゆえに我あり」

① I think; therefore I am.

② I think and therefore I am.

③ I think, therefore I am.

誤りは？

□□ 050

also, so, then, yet などは and also, and so, and then, and yet, また still は but still, else は or else などと用いることがある。 Yes / No

□□ 051

原因・理由の副詞節を導く接続詞のうち，原因や理由を新情報として明確に示すのは（as, because, since）である。

□□ 052

原因・理由の副詞節を導く接続詞のうち，相手［聞き手や読み手］がすでにわかっているであろうと思われる内容を原因や理由として示すのは（as, because, since）である。

□□ 053

「今日から1週間」（a week from today / from today a week）

□□ 054

「机の下から」from under the desk
正しい？ Yes / No

049 答え：③

▷ （；）セミコロンや and は２つの文を結びつけるが，（，）コンマには原則その機能はない。therefore は接続詞ではないので，それだけでは２つの文を結びつけることはできない。

050 Yes

▷ 接続詞＋接続副詞

051 答え：because

052 答え：since

▷ as は理由以外の意味で用いられることも多い。

053 答え：a week from today

▷ 時間差を示す表現は from の前。

054 Yes

▷ 二重前置詞　from ＋前置詞句

PART 6

関係詞・接続詞・前置詞

☐☐ 055

「…するより仕方がない」は have no choice but to *do*

Yes / No

☐☐ 056

A lot of people were aware of what she would say.
省略できるのは？

☐☐ 057

「議論は 15 時間続いた」The debate lasted for 15 hours.
省略できるのは？

☐☐ 058

I walked for 5 km today.
省略できるのは？

☐☐ 059

They have meetings on every Friday morning.
省略できるのは？

☐☐ 060

He insisted on that he start at once.
誤りは？

☐☐ 061

Do it in this way.
省略できるのは？

Yes

▷ but「…以外は」(to) *do* の前に置くことができる特殊な前置詞。

056 答え：2 つ目の of

▷ 「彼女が何て言うのか多くの人はわかっていた」。疑問詞が導く節の前の前置詞は省略できる。

057 答え：for

▷ 時間を表す副詞句の for は省略できることが多い。

058 答え：for

▷ 「今日は5キロ歩いた」。距離を表す副詞句の for は省略できることが多い。

059 答え：on

▷ 「彼らは毎週金曜の朝に会議を開いています」。時を表す語に any, every, last, one, that, this などがつく場合，前置詞は省略することが多い。

060 答え：on をとる。

▷ 「彼はすぐに始めるべきだと主張した」。that 節の前に前置詞を置くことはできない。in that 節や except that 節を除く。

061 答え：in

▷ 「このようにやってみなさい」。方法・手段を表す in の省略

□□ 062

(　　　　) dawn「夜明けに」
前置詞は？

□□ 063

(　　　　) Wednesdays「毎週水曜日に」
前置詞は？

□□ 064

(　　　　) the afternoon「午後に」
前置詞は？

□□ 065

(　　　　) Wednesday afternoon「水曜の午後に」
前置詞は？

□□ 066

「来年の今頃」(next year this time / this time next year)

□□ 067

after, before は前置詞にも接続詞にも使える。　　Yes / No

□□ 068

as, than は前置詞にも接続詞にも使える。　　Yes / No

□□ 069

since, till［until］は前置詞にも接続詞にも使える。

Yes / No

062 答え：at
  ▸ at ＋時点

063 答え：on
  ▸ on ＋日付・曜日

064 答え：in

065 答え：on
  ▸ on ＋特定の日の朝 [昼，晩]

066 答え：this time next year

067 Yes
  ▸ 前置詞＋名詞（相当語句） 接続詞＋ SV ...

068 Yes
  ▸ 前置詞＋名詞（相当語句） 接続詞＋ SV ...

069 Yes
  ▸ 前置詞＋名詞（相当語句） 接続詞＋ SV ...

□□ 070

「これから先ずっと」（　　　　　）now on

□□ 071

「8月上旬からずっと（現在まで）」（　　　　　）early August

□□ 072

The restaurant will be closed（　　　　）September.
「そのレストランは9月いっぱい閉まっている」

□□ 073

（in / within）five hours「（話している時点から）5時間後
に」

□□ 074

「交差点を左折しなさい」Turn left（at / in）the intersection.

□□ 075

on the ceiling　天井のどこ？

□□ 076

below the stomach　胃よりも上？　下？

□□ 077

「歩道を歩く」walk on the sidewalk
on を言い換えると？

□□ 078

across the street「通りの（　　　　）」

070 答え：from

  ▸ on は副詞「ずっと」

071 答え：since

  ▸ 過去のある時から現在までの継続

072 答え：through「…の間中ずっと」

073 答え：in

  ▸ 未来に関する場合，after よりも in を用いる方が自然。within「…以内に」

074 答え：at

  ▸ 広がりをもたない地点・場所，地図上の１点。

075 答え：上下問わず天井表面に接触している。

076 答え：「下の方」（位置）

  ▸ 「上の方」は above。

077 答え：along「…に沿って」

078 答え：「反対側に」

  ▸ 「通りを横切って」も可。

☐☐ 079

around the corner「角を（　　　　）」

☐☐ 080

「…の前に」in front of は位置，before は前後関係や順序
に用いることが多い。　　　　　　　　　　　　　Yes / No

☐☐ 081

「…のそばに」beside は左右，by は前後，左右，上下どこ
でもよい。　　　　　　　　　　　　　　　　　Yes / No

☐☐ 082

for は方向，to は方向＋到達点を表す。　　　　Yes / No

☐☐ 083

「…の間に」，between は 2 つの間，では 3 つ以上の中では？

☐☐ 084

outside (of) the house「家の外で」，では out of the house
は？

☐☐ 085

thanks (for / to) A「A のおかげで」

☐☐ 086

because (of / to) A「A の理由で」

☐☐ 087

on account (of / to) A「A の理由で」

079 答え：「曲がって」

▷ round the corner も同意。

080 Yes

081 Yes

082 Yes

083 答え：among

084 答え：「家の中から外へ」

▷ 逆は into the house。

085 答え：to

▷ 皮肉めいた言い方になる場合もある。

086 答え：of

▷ 前置詞句となるので A に文は置かない。

087 答え：of

▷ A に好ましくない内容が来ることが多い。 = because of

□□ 088

owing (for / to) A「A のために」

□□ 089

due (for / to) A「A のためで」

□□ 090

(　　　　　) social media「SNS で」(手段)

□□ 091

write (　　　　　) a writing brush「筆で書く」(道具)

□□ 092

a person (in / with) black
「黒い服の人」

□□ 093

go to home は「帰宅[帰国]する」　　　　　　　　　　Yes / No

□□ 094

against the plan「反対して」，では「賛成して」は？

□□ 095

(　　　　　) a cup of coffee「コーヒー飲みながら」(従事)

□□ 096

dance (　　　　　) the music「音楽に合わせて踊る」(合致)

088 答え：to

089 答え：to
- ▶ be 動詞の補語として用いることも多い。Our failure was due to his carelessness.「我々が失敗したのは彼の不注意のせいだった」

090 答え：by

091 答え：with

092 答え：in（着用）
- ▶ = wearing

093 No
- ▶ home「家へ」（副詞）　go home が正しい。home には「家，故郷」（名詞）や「家の」（形容詞）もある。

094 答え：for the plan

095 答え：over「（飲食・読書・仕事など）しながら」

096 答え：to「…に合わせて」

□ □ 097

　　［ashamed「恥ずかしい」/ happy「嬉しい」/ sad「悲しい」］
（　　　　　）the news

□ □ 098

　　［anxious「切望して」/ eager「熱望して」/ impatient「待
ち遠しい」］（　　　　　）reform

□ □ 099

　　［engaged「従事して」/ involved「関係して」］（　　　　　）
the matter

□ □ 100

　　［independent「影響を受けない」/ innocent「無罪の」］
（　　　　　）the matter

□ □ 101

　　［adequate「十分な」/ harmful「有害な」/ helpful「有益
な」］（　　　　　）us

□ □ 102

　　［acquainted「知り合いで」/ angry「腹を立てて」/ popular
「人気があって」］（　　　　　）them

097 答え：at（感情の原因）「…を見て，聞いて」

098 答え：for（希求）「…を求めて」

099 答え：in（対象範囲）「…において」

100 答え：of（分離）

101 答え：to（適合・理解）「…にとって」
　▶ for より主観的・直接的

102 答え：with

助動詞・受動態

□ □ 01

  can't　短縮形でなければ？

□ □ 02

  can の過去形は could，may の過去形は might，では must
の過去形は？

□ □ 03

  will の過去形は would，shall の過去形は should，では
ought to の過去形は？

□ □ 04

  助動詞 need の過去形は？

□ □ 05

  助動詞 used to の現在形は？

□ □ 06

  must not　短縮形は？

□ □ 07

  will not　短縮形は？

□ □ 08

  ought to　否定の短縮形は？

01 答え：cannot

02 答え：直接の過去形はないので，had to を用いる。

03 答え：なし。

04 答え：なし。
  ▶ 動詞 need と混同しないこと。

05 答え：なし。
  ▶ 過去の習慣・状態を表す。

06 答え：mustn't
  ▶ 発音注意！ mustn't [mʌs(ə)nt]

07 答え：won't

08 答え：oughtn't to
  ▶ ought not to の短縮形。

□□ 09

may not の短縮形は mayn't である。　　　　　　Yes / No

□□ 10

「…できるだろう」（未来）　will can は正しい？　Yes / No

□□ 11

「…できるようになりたい」　want to can *do* は正しい？

Yes / No

□□ 12

「…できることを楽しむ」　enjoy canning *do* は正しい？

Yes / No

□□ 13

must の代表的な意味を 2 つあげよ。

□□ 14

must not と don't have to の意味をそれぞれあげよ。

□□ 15

have to ＝ have got to　　　　　　　　　　Yes / No

□□ 16

may の代表的な意味を 2 つあげよ。

□□ 17

May all my dreams come true!　正しい？　　Yes / No

09 No
  ▸ may not は短縮形にしない。

10 No
  ▸ will be able to *do* が正しい。

11 No
  ▸ want to be able to *do* が正しい。

12 No
  ▸ enjoy being able to *do* が正しい。

13 答え:「…しなければならない」(義務),「…に違いない」(強い確信)

14 答え:「…してはならない」(禁止),「…する必要はない」(不必要)

15 Yes
  ▸ have got は完了形。

16 答え:「…してもよい」(許可),「…かもしれない」(推量)

17 Yes
  ▸ 「私の夢が全てかないますように」。神に許可を求める祈願の may。

□□ 18

　may not も must not も「…してはいけない」 違いは？

□□ 19

　may の過去形 might にも「(ひょっとしたら) …かもしれない」という意味がある。　　　　　　　　　　　Yes / No

□□ 20

　may [might] as well *do*「…するのも (　　　　)」

□□ 21

　can の代表的な意味を3つあげよ。

□□ 22

　許可の can と許可の may，違いは？

□□ 23

　許可・依頼を表す Can I ～? よりも Could I ～? の方が (　　　　)。

□□ 24

　"Could I sit here?"
　"Of course you (can / could)."

□□ 25

　ought to の代表的な意味を2つあげよ。

□□ 26

　used to の代表的な意味を2つあげよ。

18 答え：may not は不許可，must not は高圧的な強い禁止

19 Yes

20 答え：仕方がない
▷ 「しょうがない」という気持ちを示す。

21 答え：「…できる」（能力），「（時に）…することがありうる」
（可能性），「…してもよい」（許可）

22 答え：can の方が口語的で気軽，may は正式で上から下
へ許可を与える堅苦しいイメージ。

23 答え：ていねい

24 答え：can
▷ 「ここに座ってもよろしいですか」「もちろんいいですよ」。許可を与える
［与えない］場合は could を用いないのが普通。

25 答え：「…すべきである」（義務），「…のはずだ」（当然）
▷ = should だがふつうは should を用いる。

26 答え：「…したものだった」（過去の習慣的動作），「以前
は…だった」（過去の習慣的状態）

☐☐ 27

「…したものだった」（過去の習慣的動作），used to と
would の違いは？

☐☐ 28

For some reason my phone will not move.
この will は？

☐☐ 29

should の代表的な意味を 2 つあげよ。

☐☐ 30

感情を表す語句（strange，a pity など）に続く that 節で
should が使われることがある。　　　　　　　　Yes / No

☐☐ 31

話し手の主観的判断を表す語句（natural，surprising など）
に続く that 節で should が使われることがある。

Yes / No

☐☐ 32

疑問詞で始まる疑問文で疑問詞の直後に should を用いて
驚きや反語的意味を表すことがある。　　　Yes / No

☐☐ 33

要求・提案・命令・必要を表す動詞・形容詞・名詞に続く
that 節で should が使われることがある。　　　Yes / No

27 答え：used to は現在との対比を強調するが，would には現在との対比の意識がない。

28 答え：強い意志「どうしても…しようとしない」
  ▷ 「何らかの理由で，私の電話はどうしても作動しない」

29 答え：「…すべきである」（義務），「…のはずだ」（当然）
  ▷ ought to とほぼ同意。

30 Yes
  ▷ It is a pity that they should object to our plan. 「彼らが私たちの計画に反対するとは残念だ」

31 Yes
  ▷ It is natural that children should miss their mothers. 「子供が母親がいないのをさみしがるのは当然だ」

32 Yes
  ▷ Who should ...? 「一体誰が…」

33 Yes
  ▷ should *do* もしくは *do* となる。

☐☐ 34

(advise, agree, arrange) that ... (should) *do* ...
正しい動詞はいくつ？

☐☐ 35

(command, decide, determine) that ... (should) *do* ...
正しい動詞はいくつ？

☐☐ 36

(insist, order, propose) that ... (should) *do* ...
正しい動詞はいくつ？

☐☐ 37

(recommend, require, urge) that ... (should) *do* ...
正しい動詞はいくつ？

☐☐ 38

suggest that ... (should) *do* ...は「提案する」, suggest that
... 直説法だと「(　　　　)」

☐☐ 39

insist that ... (should) *do* ...は「強く要求する」, insist that
... 直説法だと「(　　　　)」

☐☐ 40

may［might］have *done*　意味は？

☐☐ 41

must have *done*　意味は？

34 答え：3つ

35 答え：3つ

36 答え：3つ

37 答え：3つ

38 答え：ほのめかす

39 答え：言い張る

40 答え：「…したかもしれない」

41 答え：「…したにちがいない」

□□ 42

can't[couldn't] have *done*　意味は？

□□ 43

should[ought to] have *done*　2つの意味は？

□□ 44

need not have *done*　意味は？

□□ 45

can have *done* は「…した可能性がある」は誤り？

Yes / No

□□ 46

She did look tired.　この did は？

□□ 47

would rather *do*　意味は？

□□ 48

had better *do*「…した方がいい」　否定形は？

□□ 49

進行形の受動態は *be*（　　　　　）*done*

□□ 50

完了形の have / has / had は助動詞と考えてよい？

Yes / No

42 答え：「…したはずがない」

43 答え：「…したはずだ」「…すべきだった（のに実際はしなかった）」

44 答え：「…する必要はなかった（のに実際はした）」

45 Yes
▶ この意味では could have *done* を用いる。

46 答え：強調の助動詞「確かに，本当に，実際に」

47 答え：「むしろ…したい」
▶ than ～を伴う場合もある。

48 答え：had better not *do*
▶ had not better とはならない。

49 答え：being

50 Yes
▶ 否定文・疑問文の作り方に注意。

☐☐ 51

完了形の受動態は have（　　　　　）*done*

☐☐ 52

助動詞を含む受動態は助動詞 +（　　　　　）*done*

☐☐ 53

A is known（　　　　　）*B*「A は B（基準）でわかる，判断される」

☐☐ 54

A is known（　　　　　）*B*「A は B（の理由）で知られている」

☐☐ 55

A is known（　　　　　）*B*「A は B に知られている」

☐☐ 56

A is known（　　　　　）*B*「A は B として知られている」

☐☐ 57

be caught（　　　　　）a shower「にわか雨にあう」

☐☐ 58

be satisfied（　　　　　）*A*「A に満足している」

☐☐ 59

be covered（　　　　　）*A*「A におおわれている」

51 答え：been

52 答え：be

53 答え：by

54 答え：for

55 答え：to

56 答え：as

57 答え：in

58 答え：with

59 答え：with

☐☐ 60

I had my phone stolen yesterday. は受動態の文である。

Yes / No

☐☐ 61

Themselves were enjoyed by them. 正しい？　　Yes / No

☐☐ 62

Each other was supported. 正しい？　　Yes / No

☐☐ 63

I saw them enter the theater. → They were seen（　　　　）
enter the theater.

☐☐ 64

They made him enter the room. → He was made（　　　　）
enter the room.

☐☐ 65

Who wrote this novel? → （　　　　）（　　　　）was this
novel written?

☐☐ 66

Who wrote this novel? → （　　　　）was this novel written
by?

60 Yes

> ▷ 「私は昨日電話を盗まれた」。過去形の文であって過去完了形と混同しないこと。

61 No

> ▷ 目的語が再帰代名詞の場合受動態は作れない。They enjoyed themselves. 「彼らは楽しい時を過ごした」

62 No

> ▷ 目的語が each other の場合受動態は作れない。They supported each other. 「彼らはお互いを支え合った」

63 答え：to

> ▷ 「私は彼らが劇場に入るのを見た」。知覚動詞の受動態では to *do* になる。

64 答え：to

> ▷ 「彼らは彼を部屋に入らせた」。使役動詞 make の受動態では to *do* になる。

65 答え：By whom

> ▷ 「誰がこの小説を書いたのですか」

66 答え：Whom でも Who でもよい

□□ 67

What do you call this flower in French? → What (   )
this flower (   ) in French?

□□ 68

We must take great care of our parents. → Our parents
must be (   ) great care (   ).

□□ 69

We must take great care of our parents. → Great care
must be (   ) (   ) our parents.

□□ 70

Many people believe that home robots are pretty
convenient. → (   ) (   ) believed that home
robots are pretty convenient.

□□ 71

Many people believe that home robots are pretty
convenient. → Home robots are believed (   )
(   ) pretty convenient.

□□ 72

It seems that her phone has been stolen. → Her phone
seems (   ) (   ) (   ) stolen.

□□ 73

be surprised at *A*「A に驚く」 at ではなく by でもよい？

Yes / No

67 答え：is, called
　▸　「フランス語でこの花は何と呼ばれますか」

68 答え：taken, of
　▸　「親は大切にしなければならない」

69 答え：taken, of

70 答え：It is
　▸　「多くの人がホームロボットはかなり便利だと信じている」

71 答え：to be

72 答え：to have been
　▸　「彼女の電話は盗まれたようだ」

73 Yes

☐☐ 74

be engaged（　　　　　）fishing「漁業に従事する」

☐☐ 75

be absorbed（　　　　　）music「音楽に熱中する」

☐☐ 76

be dressed（　　　　　）black「黒い服を着ている」

☐☐ 77

The shop was closed ...「その店は閉まっていた」（状態），「その店は閉鎖された」（動作・行為），どちらも成り立つ？

Yes / No

☐☐ 78

She got fired ...「彼女は解雇された」，正しい？　Yes / No

☐☐ 79

become「似合う」，cost「（費用が）かかる」，fit「（寸法が）合う」は受動態にならない動詞である。正しい？

Yes / No

☐☐ 80

lack「欠ける」，resemble「似ている」，suit「ふさわしい」は受動態にならない動詞である。正しい？　Yes / No

☐☐ 81

Hot products like soup sell well in cold weather.「よく売れる」，正しい？　Yes / No

74 答え：in

75 答え：in

76 答え：in

77 Yes

▸ be 動詞を用いた受動態は状態，動作・行為のどちらにも使われる。

78 Yes

▸ get を用いた受動態は動作・行為にのみ使われる。

79 Yes

80 Yes

81 Yes

▸ sell「売れる」。形は能動態でも意味は受動態（能動受動態）。

bake「焼ける」, cook「料理される」, read「と書いてある」は能動受動態をとる。正しい？　　　　　　　Yes / No

cut「切れる」, show「上演される」, wear「もつ」は能動受動態をとる。正しい？　　　　　　　Yes / No

82 Yes

83 Yes

PART 7 比 較

☐☐ 01

only「唯一の」や whole「全体の」には比較変化がない。

Yes / No

☐☐ 02

low の比較変化は low-lower-lowest である。　　Yes / No

☐☐ 03

like「似ている」の比較変化は like - more like - most like が普通。

Yes / No

☐☐ 04

clever の比較変化は clever-cleverer-cleverest である。

Yes / No

☐☐ 05

true の比較変化は true-（　　　　　）-（　　　　　）

☐☐ 06

big の比較変化は big-（　　　　）-（　　　　）

☐☐ 07

simple の比較変化は simple-（　　　　）-（　　　　）

☐☐ 08

pretty の比較変化は pretty-（　　　　）-（　　　　）

01　Yes

02　Yes

03　Yes

04　Yes

05　答え：truer, truest

06　答え：bigger, biggest

07　答え：simpler, simplest

08　答え：prettier, prettiest

□□ 09

afraid の比較変化は afraid-（　　　　）-（　　　　）

□□ 10

slowly の比較変化は slowly-（　　　　）-（　　　　）

□□ 11

foolish の比較変化は foolish-（　　　　）-（　　　　）

□□ 12

good, well の比較変化は good / well-（　　　　）-（　　　　）

□□ 13

bad, ill の比較変化は bad / ill-（　　　　）-（　　　　）

□□ 14

badly の比較変化は badly-（　　　　）-（　　　　）

□□ 15

many, much の比較変化は many / much-（　　　　）-（　　　　）

□□ 16

little の比較変化は little-（　　　　）-（　　　　）

□□ 17

「A が一番好きだ」like A most の代わりに like A（　　　　）を用いることも多い。

09 答え：more afraid, most afraid

10 答え：more slowly, most slowly

11 答え：more foolish, most foolish

12 答え：better, best

13 答え：worse, worst

14 答え：worse, worst

15 答え：more, most

16 答え：less, least

17 答え：best

□□ 18

old「年を取った, 古い」の比較変化は old-older-oldest, 家族・企業内の長幼の関係は old-(　　　　　)-(　　　　　)

□□ 19

late の比較変化は late-later-latest「(時間が) 遅い, 遅く」, late-(　　　　　)-(　　　　　)「(順序が) 遅い, 遅く」

□□ 20

far「(距離が) 遠い, 遠く」の比較変化は far-farther-farthest, 「(距離が) 遠い, 遠く」「(程度などが) さらに」は far-(　　　　　)-(　　　　　)

□□ 21

as 〜 as ...「…と同じくらい〜」, not as 〜 as ...「　　　　　」

□□ 22

⎡ Kosei is as tall as me.
⎣ Kosei is as tall as I am.
どちらも正しい?　　　　　　　　　　　　　　　　　Yes / No

□□ 23

(　　　　　) as 〜 as ...「…とまったく同じくらい〜」

□□ 24

(　　　　　) as 〜 as ...「…の 2 倍の〜」

18 答え：elder, eldest

19 答え：latter, last

20 答え：further, furthest

21 答え：…ほど～ではない

22 Yes

23 答え：just
　▶ ほとんど同じくらいなら almost as ～ as …

24 答え：twice
　▶ 「半分」は half，3 倍以上は，数字＋ times
　　She does twice as much work as he.「彼女は彼の倍の仕事をしている」

「私はクリスと同じくらいの数のしおりを持っている」

I have as many as bookmarks as Chris. 正しい？

Yes / No

□□ 26

John's watch isn't as expensive as Christopher. 正しい？

Yes / No

□□ 27

as 〜 as any + 名詞の単数形「どの…にも劣らず〜」

Yes / No

□□ 28

as 〜 as 主語 + can = as 〜 as (　　　　)「できるだけ〜」

□□ 29

as 〜 as ever「(　　　　)〜」

□□ 30

not so much 〜 as ... = ... rather than 〜 = (　　　　) ...
than 〜「〜よりはむしろ…」

□□ 31

not so (　　　　) as *do*「…さえしない」

25 No

▸ I have <u>as many bookmarks</u> as Chris.

26 No

▸ John's watch isn't as [so] expensive as <u>Christopher's</u>.

27 Yes

28 答え：possible

29 答え：相変わらず

30 答え：more

31 答え：much

□ □ 32

   ⌈ She loves him more than you.
   ⌊ She loves him more than you do.
どちらも正しい？   Yes / No

□ □ 33

   (   ) better of the two「2つのうちでよりよい方」

□ □ 34

   junior / senior (   ) me「私よりも年下の / 年上の」

□ □ 35

   superior / inferior (   ) *A*「A よりもすぐれた / 劣った」

□ □ 36

   I prefer red wine (   ) white.「私は白ワインよりも
赤ワインのほうが好きだ」

□ □ 37

   very good は正しいが, very better は正しくない。

                       Yes / No

□ □ 38

   much / a lot, a bit / a little, far などは比較級を修飾する
ことができる。   Yes / No

□ □ 39

   much more + *A*（複数名詞）「ずっと多くの A」は誤り。

                       Yes / No

32 Yes

▶ She loves him more than you.「彼女は君よりも彼のほうを愛している」
(you は目的格)。She loves him more than you do. 「彼女のほうが君
よりももっと彼を愛している」(you は主格)。

33 答え：the

34 答え：to

▶ than は用いないこと。

35 答え：to

▶ than は用いないこと。

36 答え：to

▶ than は用いないこと。

37 Yes

▶ very は比較級の前では用いない。

38 Yes

39 Yes

▶ many more ＋複数名詞，much more ＋不可算名詞

□□ 40

much the best, by far the best, very the best 誤りは？

□□ 41

「A の 3 倍大きい」

$\left[\begin{array}{l} \text{three times as large as } A \\ \text{three times larger than } A \end{array}\right.$

どちらも正しい？ Yes / No

□□ 42

「A の 2 倍高い」

twice as high as A

twice higher than A どちらも正しい？ Yes / No

□□ 43

half as old as A = half the (　　　　) of A
「A の半分の年齢だ」

□□ 44

twice as high as A = twice the (　　　　) of A
「A の 2 倍の高さだ」

□□ 45

three times as long as A = three times the (　　　　) of A
「A の 3 倍の長さだ」

□□ 46

half as big as A = half the (　　　　) of A
「A の半分の大きさだ」

40 答え : very the best

    ▶ 正しくは the very best

41 Yes

42 No

    ▶ twice は twice as ～ as ...のみ。比較級の場合は two times で表す。

43 答え : age

44 答え : height

45 答え : length

46 答え : size

one point five times as heavy as A = one point five times the (　　　) of A
「A の 1.5 倍の重さだ」

the 比較級 〜 , the 比較級 ... 「〜 (　　　) …」

The older you are, the more it is difficult to learn.
正しい？   Yes / No

(all) the 比較級 + because [for] 〜 「〜だから（それだけ）いっそう〜」   Yes / No

more and more money 「(　　　) 多くの金」

〜（否定内容）, much less ... 「〜ない, (　　　) …でない」

〜（肯定内容）, to (　　　) nothing of ... 「〜, まして…はもちろんのことだ」

〜（否定内容）, (　　　) alone ... 「〜ない, まして…でない」

47 答え：weight

  ▸ one point five = one and a half

48 答え：すればするほど（それだけ）

49 No

  ▸ The older you are, <u>the more difficult</u> it is to learn. 「年を取れば取るほど，学ぶのは難しい」

50 Yes

  ▸ I like Junko all the better because she has some faults. 「ジュンコには欠点があるので，私はなおさら彼女のことが好きだ」

51 答え：ますます，だんだん

  ▸ 比較級＋ and ＋比較級

52 答え：ましてや

  ▸ much less …＝ still［even］less …

53 答え：say

  ▸ ＝ not to mention … 「…は言うまでもなく」

54 答え：let

☐☐ 55

know better than to (*do* / *do*ing)「…するほど馬鹿ではない」

☐☐ 56

A is no more ～ than *B*「A は B と（　　　　）に～ではない」

☐☐ 57

A is no less ～ than *B*「A は B に（　　　　）～である」

☐☐ 58

no more than *A* ＝（　　　　）*A*「わずか…，たった…」

☐☐ 59

no less than *A* ＝ as（　　　）as *A*「A ほども」

☐☐ 60

not more than *A* ＝ at（　　　　）*A*「せいぜい A, A 以下」

☐☐ 61

not less than *A* ＝ at（　　　　）*A*「少なくとも A, A 以上」

☐☐ 62

You are no longer a kid.「君は（　　　　）子供ではない」

☐☐ 63

the third ＋最上級「3 番目に…な」　　　　　　　　Yes / No

55 答え：*do*

▸ know better「もっと知っている→もっと分別がある」

56 答え：同様，同じよう

▸ B の部分も否定の内容になることに注意。

57 答え：劣らず

▸ A，B どちらも肯定の内容になる。

58 答え：only

▸ There were no more than three people present.「出席者は 3 人しかいませんでした」

59 答え：much

60 答え：most

61 答え：least

62 答え：もう，もはや

▸ = You are not a kid any longer.

63 Yes

▸ Mt. Kangchenjunga is the third highest mountain in the world.「カンチェンジュンガは世界で 3 番目に高い山だ」

□□ 64

make the most of *A* 「A を (　　　　) に活用する」

□□ 65

the last *A* + to *do* [that 節]「最も…(　　　　) A」

□□ 66

one of the oldest (tree / trees)

□□ 67

最上級 + (that) + 主語 + have (ever / never) *done*

□□ 68

Tokyo Skytree is the highest tower in Japan.

= Tokyo Skytree is higher than (　　　　) other (　　　　)
in Japan.

□□ 69

Tokyo Skytree is the highest tower in Japan.

=No (other) tower in Japan is (　　　　) (　　　　)
(　　　　) Tokyo Skytree.

□□ 70

Nothing (else) is more precious than love.

= Love is more precious than (　　　　) (　　　　).

64 答え：最大限

  ▷ A が有利な状況の際に用いる。make the best of *A*「A（不利な状況）を精一杯利用する」にも注意。

65 答え：しそうにない

  ▷ She was the last person I'd expected to meet in a gym.「彼女とジムで出会うなんて思いもよらなかった」

66 答え：trees

  ▷ one of the ＋最上級＋複数名詞。「最も…なうちの一つ」。

67 答え：ever

  ▷ 「これまで…した中で一番～」。This is the most exciting soccer match I've ever watched.「これは今まで見た中で最もエキサイティングなサッカーの試合だ」

68 答え：any，tower

  ▷ 「東京スカイツリーは日本で最も高いタワーです」。比較級＋ than any other ＋単数名詞

69 答え：as［so］high as

70 答え：anything else

  ▷ 「愛より大切なものはない」

□ □ 71

Jeff runs (the) fastest on the team.

= Jeff runs faster than (　　　　) (　　　　) on the team.

□ □ 72

Jeff runs (the) fastest on the team.

= (　　　　) (　　　　) (else) on the team runs faster than Jeff.

□ □ 73

none the 比較級 + because[for] 〜 「〜だからと言って少しも〜ない」　　　　Yes / No

71 答え：anyone［anybody］else

▶ 「ジェフはチームで最も足が速い」

72 答え：No one

▶ Nobody（1 語）も可。

73 Yes

▶ He was none the worse because he fell down.「彼は転んだからといって具合が悪いわけでは全くなかった」

PART

8 特殊構文・その他

□ □ 001

She isn't a kid. / She is no kid. どちらも正しい。 Yes / No

□ □ 002

hardly[scarcely] ..., どちらも「(　　　　)…ない」

□ □ 003

rarely[seldom] ..., どちらも「(　　　　)…ない」

□ □ 004

rarely[seldom] ... = hardly[scarcely] (　　　　) ...

□ □ 005

a のつかない few, little の意味は, どちらも「(　　　　)」

□ □ 006

I am not, I'm not, I amn't
どれも正しい？   Yes / No

□ □ 007

We are not, We aren't, We're not
どれも正しい？   Yes / No

□ □ 008

She is not, She isn't, She's not
どれも正しい？   Yes / No

001 Yes

  ▸ no の方が強い否定になる。

002 答え：ほとんど

003 答え：めったに

004 答え：ever

005 答え：ほとんどない

  ▸ few（数），little（量・程度）

006 No

  ▸ I amn't はない。

007 Yes

008 Yes

□ □ 009

　Don't you think so? Do you not think so?
　どちらも正しい？　　　　　　　　　　　　　　　　　Yes / No

□ □ 010

　hardly, scarcely, seldom, rarely, never は, 一般動詞の
　（　　　　），be 動詞・助動詞の（　　　　）に置くことが多い。

□ □ 011

　名詞を否定する場合，否定語は全て名詞の（　　　　）に
置く。

□ □ 012

　「（私は）A は B ではないと思う」
　I think *A* isn't *B*. と I don't think *A* is *B*. ではどちらが普
通？

□ □ 013

　not ＋ all「全部が…（　　　　）」

□ □ 014

　not ＋ both「両方とも…（　　　　）」

□ □ 015

　not ＋ altogether「まったく…（　　　　）」

□ □ 016

　not ＋ always「いつでも…（　　　　）」

009 Yes
> 特に口語では前者（短縮形）が普通。

010 答え：前，後

011 答え：前
> no house，not a kid など

012 答え：I don't think A is B.

013 答え：というわけではない，とは限らない
> 部分否定

014 答え：というわけではない，とは限らない
> 部分否定

015 答え：というわけではない，とは限らない
> 部分否定

016 答え：というわけではない，とは限らない
> 部分否定

□□ 017
not + completely「完全に…（　　　　）」

□□ 018
not + entirely「まったく…（　　　　）」

□□ 019
not + necessarily「必ず…（　　　　）」

□□ 020
no longer, no more「（　　　　）…ない」

□□ 021
cannot[never] ... without *do*ing「…すると（　　　　）～する」

□□ 022
There is no *do*ing「…することは（　　　　）」

□□ 023
have（　　　　）to do with *A*「A とは何の関係もない」

□□ 024
It is not until ～ that ...「～して（　　　　）…する」

□□ 025
not *A*（　　　　）*B*「A ではなく B」

017 答え：というわけではない，とは限らない
  ▶ 部分否定

018 答え：というわけではない，とは限らない
  ▶ 部分否定

019 答え：というわけではない，とは限らない
  ▶ 部分否定

020 答え：もはや

021 答え：必ず

022 答え：できない

023 答え：nothing

024 答え：初めて
  ▶ 強調構文

025 答え：but

□□ 026

It is not[was not / will not be] (　　　　) before ... 「ほどなく…」

□□ 027

not (　　　　) A but (also) B 「A だけでなく B も」

□□ 028

cannot be (　　　　) careful 「いくら注意してもしすぎることはない」

□□ 029

nothing (　　　　) ... 「…にすぎない」

□□ 030

Who likes coronavirus? = (　　　　) (　　　　) likes coronavirus.

□□ 031

Who doesn't like holidays? = (　　　　) likes holidays.

□□ 032

Don't you like your school emblem?「自分の学校の校章は好きではないの？」

(　　　　), I do.「いや，好きだよ」

026 答え：long

027 答え：only

028 答え：too

029 答え：but

030 答え：No one
- ▶ 「誰がコロナウイルスのことを好きだろうか」。修辞疑問

031 答え：Everyone
- ▶ 「誰が休日を嫌いだろうか」。修辞疑問

032 Yes
- ▶ 答えの内容が肯定ならば yes を用いる。

Don't you like your school emblem?「自分の学校の校章は好きではないの？」

(　　　　　　), I don't.「うん，好きじゃない」

anything but ...「(　　　　)…ではない」

far (　　　　)*A* / *do*ing「…どころではない，決して…ではない」

(　　　　　　)～ to *do*「あまりに～なので…できない」

(　　　　　) to *do*「…できない；…しない」

have[*be*] (　　　　) to *do*「まだ…していない」

(　　　　　)～ = beyond ～「～できない；～しない」

be (　　　　) from [of] ～「～がない」

not + at (　　　　)「全然…ではない」

033 No
  ▸ 答えの内容が否定ならば no を用いる。

034 答え：決して

035 答え：from

特殊構文・その他

036 答え：too
  ▸ 〜の部分は形容詞か副詞が入る。

037 答え：fail

038 答え：yet

039 答え：above
  ▸ 「〜を超越して」 → 「〜しない」

040 答え：free

041 答え：all

□□ 042
　　not ＋ by any（　　　　　）「決して…ない」

□□ 043
　　not ＋ in any（w　　　　）「決して…ない」

□□ 044
　　not ＋ on any（　　　　　）「どんな理由があろうと…しない」

□□ 045
　　not ＋ in any（s　　　　）「決して…ない」

□□ 046
　　not ＋ under any（　　　　）「決して…ない」

□□ 047
　　not ＋ in the（　　　　）「少しも…ではない」

□□ 048
　　（　　　　　）＋名詞 ＋ whatever［whatsoever］「何の…もない」

□□ 049
　　（　　　　）［simply］not ...「まったく…ない」

□□ 050
　　neither ... ＝ not ...（　　　　）「（2人・2つの）どちらも…ない」

042 答え：means

  ▶ = by no means

043 答え：way

  ▶ = in no way

044 答え：account

  ▶ = on no account

045 答え：sense

  ▶ = in no sense

046 答え：circumstances

  ▶ = under no circumstances

047 答え：least

048 答え：no

  ▶ I have no interest whatever in horse racing.「私は競馬には何の興味もない」

049 答え：just

050 答え：either

□□ 051

　　none ... = not ... (　　　　　)「どれも・だれひとり…ない」

□□ 052

　　more than *S* can *do*「S には…(　　　　　)」

□□ 053

　　(　　　　　) to be *done*「まだ…されていない」

□□ 054

　　「彼女はいつだって時間通りには来ない」
　　She is (always not / not always) on time.

□□ 055

　　I don't really like her new jacket.
　　「彼女の新しいジャケット，(それほど / まったく) 好きで
　　はない」

□□ 056

　　I really don't like her new jacket.
　　「彼女の新しいジャケット，(それほど / まったく) 好きで
　　はない」

□□ 057

　　Linguistics (are / is) ...「言語学は…である」

□□ 058

　　Billiards (are / is) ...「ビリヤードは…である」

051 答え：any

▶ この意味では any ... not は不可。

052 答え：できない

▶ できる限度を超えていることを表す。The house is a lot more than I can afford. 「その家は私にはとても買えない」

053 答え：remain

▶ = be yet to be *done*

054 答え：always not

▶ not always は部分否定。

055 答え：それほど

▶ 部分否定

056 答え：まったく

▶ really が not を強めている語順に注意！

057 答え：is

▶ 学問・学科名は単数形の動詞で受ける。

058 答え：is

▶ ゲーム名は単数形の動詞で受ける。

□□ 059

The United States (are/ is) ... 「合衆国は…である」

□□ 060

news「ニュース」は常に（単数形 / 複数形）の動詞で受ける。

□□ 061

clothes「衣服」は常に（単数形 / 複数形）の動詞で受ける。

□□ 062

means「手段」は単数でも複数でもどちらでもよい。

Yes / No

□□ 063

customs「関税, 税関」は単数でも複数でもどちらでもよい。

Yes / No

□□ 064

goods「商品」は単数でも複数でもどちらでもよい。

Yes / No

□□ 065

each, either, every, neither は原則として（単数 / 複数）扱い。

□□ 066

both は常に（単数 / 複数）扱い。

059 答え：is
▶ 国名は単数形の動詞で受けるのが原則。

060 答え：単数形

061 答え：複数形

062 Yes

063 Yes

064 No
▶ 常に複数として扱う。

065 答え：単数

066 答え：複数

□□ 067

　[all / most / some / none など] of *A* は常に複数形の動詞
で受ける。　　　　　　　　　　　　　　　　　　　　Yes / No

□□ 068

　Four of fifths of the beach (is / are) …

□□ 069

　Two cups of tea (is / are) …

□□ 070

　A lot of money (is / are) …

□□ 071

　(Either) you or I (am / are) …

□□ 072

　Neither you or I (am / are) …

□□ 073

　Not only you but (also) I (am / are) …

□□ 074

　She as well as you (are / is) …

□□ 075

　"Hi, there!" (he said / said he).

067 No

▹ A が複数なら複数扱い，A が単数や不可算名詞なら単数扱い。

068 答え：is

▹ 「砂浜の $\frac{4}{5}$ は…」分数が主語の場合，of の次の名詞（the beach）の単複に一致させる。

069 答え：are

070 答え：is

▹ of の次の名詞に合わせる。

071 答え：am

▹ 動詞に近いほうの語句に合わせる。

072 答え：am

▹ 動詞に近いほうの語句に合わせる。

073 答え：am

▹ 動詞に近いほうの語に合わせる。

074 答え：is

▹ *A* as well as *B*「B だけでなく A も」A が中心。

075 答え：he said

▹ 伝達部（"Hi, there!"）を前に出す場合，話者を表す主語が代名詞なら S ＋ V の順にする。

□ □ 076

"Hi, there!" said Jeff.
語順は正しい？   Yes / No

□ □ 077

"I like *natto*."
"So (do I / I do)." 「私も」

□ □ 078

"I don't like *natto*."
"Neither (do I / I do)." 「私も好きじゃない」

□ □ 079

You said Jeff was so kind and so (he is / is he). 「その通
りだ」

□ □ 080

Not a single mistake (did she find / she found) in his
presentation.

□ □ 081

A single mistake (did she find / she found) in his
presentation.

□ □ 082

Little (did she dream / she dreamed) that ...
「…だなんて彼女は夢にも思わなかった」

076 Yes

▷ 伝達部（"Hi, there!"）を前に出す場合，話者を表す主語が名詞なら V ＋ S の順にすることが多い。

077 答え：do I

078 答え：do I

▷ ＝ Nor do I.

079 答え：he is

080 答え：did she find

▷ 「彼女は彼のプレゼンテーションに一つの誤りもみつけられなかった」。否定語が付いた目的語を文頭に出した場合，主語と述語動詞は倒置（疑問文と同じ語順）になる。

081 答え：she found

▷ 「彼女は彼のプレゼンテーションに一つの誤りをみつけた」。否定語の付かない目的語を文頭に出した場合，主語と述語動詞は倒置しない。

082 答え：did she dream

▷ 否定を表す副詞（little, never, rarely, seldom, hardly, scarcely など）が文頭に出ると，主語と述語動詞は必ず倒置形（疑問文と同じ語順）になる。

□□ 083

Only once (did she see / she saw) him laugh.
「彼女はたった一度しか彼が笑うのを見たことがなかった」

□□ 084

Careful (are they / they are).

□□ 085

Careful (are the students / the students are).

□□ 086

When I was young, I wanted to become a pastry chef.
省略できる連続した2語は？

□□ 087

No smoking is allowed.
省略される連続した2語は？

□□ 088

Admission is free.
省略される語は？

□□ 089

It is hotter today than it was yesterday.
省略できる連続した2語は？

083 答え：did she see

 ▷ only が付いた語・句・節が文頭に出ると，主語と述語動詞は必ず倒置形
（疑問文と同じ語順）になる。

084 答え：they are

 ▷ 「彼らは用心深い」。補語が文頭に出ても，主語が代名詞の場合には S ＋
 V の語順が多い。

085 答え：are the students

 ▷ 「生徒たちは用心深い」。補語が文頭に出ると，主語が名詞の場合には倒
置が起きることが多い。

086 答え：I was

 ▷ 「私は若いときパティシエになりたかった」

087 答え：is allowed

 ▷ No smoking「禁煙」

088 答え：is

 ▷ Admission free「入場無料」

089 答え：it was

 ▷ 「今日は昨日より暑かった」

□□ 090

The person who is singing is the *Enka* singer from Japan.

省略できる連続した2語は？

□□ 091

The concert which was held yesterday began at 7 p.m.

省略できる連続した2語は？

□□ 092

What a strange person she is!

省略できる連続した2語は？

□□ 093

She seldom, if (any / ever), goes to the movies.

□□ 094

There is few, if (any / ever), errors in the essay.

□□ 095

if anything の意味は「　　　　　」

□□ 096

What would happen if it rained?

省略できる連続した2語は？

090　答え：who is
▷　「歌を歌っているその人は日本の演歌歌手です」

091　答え：which was
▷　「昨日開かれたコンサートは午後 7 時に始まった」

092　答え：she is
▷　「なんて変わった人なんだろう」

093　答え：ever
▷　「彼女が映画に行くことはめったにない」。seldom［rarely］, if ever …
　　「たとえあるにしてもめったに…しない」

094　答え：any
▷　「そのエッセイにはたとえ間違いがあるにしてもほとんどない」。little
　　［few］, if any … 「たとえあるにしてもほとんど…ない」

095　答え：どちらかといえば
▷　Conditions are going to get worse, if anything. 「どちらかと言えば、
　　状況はますます悪くなるようだ」

096　答え：would happen
▷　What if …? 「…したらどうなるだろうか」

□□ 097

You do look thinner.
正しい？   Yes / No

□□ 098

I can do play the pipe organ.
正しい？   Yes / No

□□ 099

Do be careful.
正しい？   Yes / No

□□ 100

at the highest speed possible
正しい？   Yes / No

□□ 101

all the ways imaginable
正しい？   Yes / No

□□ 102

What (in world / on earth) is that?

□□ 103

Who (in the world / on the earth) is she?

□□ 104

She should have learned … = She should've learned …

                                               Yes / No

097 Yes

  ▷ do は動詞 look の強調「本当に痩せたね」

098 No

  ▷ 助動詞がある場合は強調の do は用いない。I can play the pipe organ. が正しい。can に強勢を置く。

099 Yes

  ▷ Do は命令文の強調「十分気をつけなさい」

100 Yes

  ▷ possible は形容詞の最上級の強調。「できる限りの高速で」

101 Yes

  ▷ imaginable は形容詞の最上級，all，every，no などに伴う強調語。「考えられる限りの全ての方法」

102 答え：on earth

  ▷ 「いったいそれは何だ」。疑問詞の強調「いったい」

103 答え：in the world

  ▷ 「彼女はいったい誰だ」。疑問詞の強調「いったい」

104 Yes

  ▷ should have = should've

□□ 105

　　She is here. = She's here.　　　　　　　　　　Yes / No

□□ 106

　　She has gone. = She's gone.　　　　　　　　　Yes / No

□□ 107

　　He is better at dancing than she's.
　　正しい？　　　　　　　　　　　　　　　　　Yes / No

□□ 108

　　"Will there be any tomatoes left?"
　　"I expect (so / them)."

□□ 109

　　"Is she coming?"
　　"No, I'm afraid (it / not)."

□□ 110

　　"Will he come?"
　　"I don't suppose (not / so)."

□□ 111

　　"Do you think it will snow tomorrow?"
　　"I (don't hope so / hope not)."

□□ 112

　　how (　　　　　)...? =「あとどれくらいで…」(時間の経過)

105 Yes

106 Yes

107 No
▸ 縮約形は文末には置かない。He is better at dancing than she (is).

108 答え：so
▸ 「トマトは残っているかな」「残っていると思うよ」。肯定内容の that 節
の代用。= that there will be some tomatoes left

109 答え：not
▸ 「彼女は来るのですか」「残念ながら来ないようです」。否定内容の that
節の代用。= that she isn't coming

110 答え：so
▸ 「彼は来る予定ですか」「来ないと思います」。I don't suppose so. = I
suppose not. believe, expect, guess, think なども同様。

111 答え：hope not
▸ 「明日雪が降ると思いますか」「降らないでほしいですね」。hope と *be*
afraid には，直接 not を続ける形しかない。

112 答え：soon

☐☐ 113

how（　　　　）...? =「どれくらいの頻度で…」（頻度・回数）

☐☐ 114

（　　　　　）do you think of *A*? =「*A* についてどう思いますか」

☐☐ 115

What is it（　　　　）to *do* ...? =「…するとはどういうことか」

☐☐ 116

（Do you think who ／ Who do you think）is the director of this movie?
「この映画の監督は誰だと思いますか」

☐☐ 117

（Do you know who ／ Who do you know）is the director of this movie?
「この映画の監督は誰だかご存知ですか」

☐☐ 118

We should check whether（is the department store ／ the department store is）open.
「デパートが開いているかどうか調べなくては」

☐☐ 119

Let's start running,（shall we ／ will you）?
「ランニングを始めましょうね」

113 答え：often

114 答え：What

115 答え：like
▶ 形式主語構文。to *do* ...が真主語。

116 答え：Who do you think
▶ yes, no の答えを要求していない疑問詞から始まる疑問文。

117 答え：Do you know who
▶ yes, no の答えを求めている。

118 答え：the department store is
▶ 間接疑問文

119 答え：shall we
▶ 付加疑問文。

□□ 120

You love *daifuku*,（don't you / do you）?

□□ 121

You cannot ride a bike,（can't you / can you）?

□□ 122

Take a seat,（don't you / will you）?

□□ 123

Don't stand up,（will you / won't you）?

□□ 124

There is an orange on the table,（isn't it / isn't there）?

□□ 125

They seldom do the Internet shopping,（don't they / do they）?

□□ 126

Who knows?「誰が知っているというのか?」
=（Everybody / Nobody）knows.

□□ 127

Who wouldn't want to take a linear motor train?
「リニアモーターカーに乗りたくない人がいるだろうか?」
=（Anyone / No one） would want to take a linear motor train.

120 答え：don't you

▷ 「あなたは大福が大好きですよね」。付加疑問文

121 答え：can you

▷ 「あなたは自転車に乗れませんよね」。付加疑問文

122 答え：will you

▷ 「座ってくださいね」。肯定の命令文の付加疑問では won't you も可。

123 答え：will you

▷ 「立ち上がらないでくださいね」。否定の命令文の付加疑問。

124 答え：isn't there

▷ 「テーブルの上にオレンジがありますよね」。付加疑問文。

125 答え：do they

▷ 「彼らはめったにネットショッピングをしないですよね」。seldom / rarely / hardly / scarcely は準否定語。

126 答え：Nobody

▷ 肯定の修辞疑問文＝強意の否定の平叙文。

127 答え：Anyone

▷ 否定の修辞疑問文＝強意の肯定の平叙文。

□ □ 128

(How / What) beautiful flowers these are!

□ □ 129

(How / What) cold it is today!

□ □ 130

(How / What) beautiful a flower this is!

□ □ 131

Qin Shi Huang died in 210 (B.C. / B.C..)「始皇帝は紀元前 210 年に亡くなった」

□ □ 132

Jeff@yanagijuku.com 読み方は Jeff（　　　　）yanagijuku （　　　）（　　　）.

□ □ 133

She said（　　　　）"Is this your house?"　空所にコンマ は必要？

□ □ 134

We shouldn't watch YouTube all day（；/，）we should exercise more.

128 答え：What

▷ 「これらの花はなんて美しいのでしょう」。What（a[an]）＋形容詞＋名詞…!

129 答え：How

▷ 「今日はなんて寒いのでしょう」。How ＋形容詞［副詞］…!

130 答え：How

▷ 「この花はなんて美しいのでしょう」。How ＋形容詞＋(a[an])＋名詞…!

131 答え：B.C.

▷ ピリオドのついた略語が文末に来た場合，さらにピリオドは打たない。
Qin Shi Huang「始皇帝」

132 答え：at, dot com

133 答え：必要

134 答え：(；)

▷ 「私たちは一日中 You Tube を見ているべきではなく，もっと運動するべきだ」。セミコロン（；）は等位接続詞の代わりとなる。

□□ 135

A lot of pollen is in the air today（；／,）consequently, I'll stay indoors.「今日は花粉がたくさん飛んでいるので，屋内にとどまることにします」

□□ 136

She said, "I have hay fever（."／".）
「彼女は『私は花粉症だ』と言った」

□□ 137

"good presenters（:"／":）you and me
「『よい発表者』，つまり私とあなたのことだ」

□□ 138

He asked her, "Can you hear me（?"／"?）
「彼は彼女に『聞こえますか』と尋ねた」

□□ 139

Do you believe "Seeing is believing（?"／"?）
「あなたは『百聞は一見にしかず』を信じますか」

□□ 140

Did he say, "Who am I（?"／"?）
「彼は『私は誰だ？』と言いましたか」

□□ 141

（"　　　　"）はアメリカ英語，（'　　　　'）はイギリス英語で用いることが多い。　　　　　　　　　　　　　　Yes / No

135 答え：(;)

▷ 等位接続詞の代わり。副詞（consequently）の前にコンマを打つだけでは文と文をつなぐことはできない。

136 答え：(. ”)

▷ 引用部分が文の場合，（.）（,）は引用符の内側に置く。

137 答え：(” :)

▷ コロン（:），セミコロン（;）は引用符の外側に置く。

138 答え：(? ”)

▷ （?）（!）が引用文についている場合には，内側に置く。

139 答え：(” ?)

▷ （?）（!）が本文全体についている場合には，外側に置く。

140 答え：(? ”)

▷ 両方が疑問文の場合には，内側だけに置くのが原則。

141 Yes

引用文中の引用符は，（"　　　　"）の中なら（'　　　　'）
に，またはその逆にする。　　　　　　　　　　Yes / No

The story begins, "Once upon a time (... / ... .)"

カッコの中にさらにカッコを入れるときは，ブラケット
（[　]）を用いる。　　　　　　　　　　　　　　Yes / No

（電子メール等の略語）A / S / L　意味は？

（電子メール等の略語）FOC　意味は？

（電子メール等の略語）EOM　意味は？

142 Yes

▸ "Did he say, 'Who am I?' " あるいは，'Did he say, "Who am I ?" '

143 答え：(... .)

▸ 「その物語は『昔々…』から始まる」。引用文中の省略記号（...）が文末に来たときは，さらにピリオド（.）を打つ。

144 Yes

▸ (The Times [November 7, 2003])「タイムズ紙（2003年11月7日付）」

145 答え：「年齢／性別／住所」（age / sex / location）

146 答え：「無料」（free of charge）

147 答え：「メッセージ終了」（end of message）

二本柳 啓文 *Hirofumi NIHONYANAGI*

河合塾では，高3生および浪人生の対面授業を1週間に約10校の校舎で担当し，映像授業では早慶レベルの講座で全国的に知名度が高く，高校の先生方や保護者からの信頼も厚い。

著書に『ミスしやすい英単語を全777問で総チェック！』，『二本柳啓文のトークで攻略 早大への英語塾』，『英会話スクールへ行く、その前に10時間授業で中学英語を卒業する』，『4コママンガでわかる！ 中学英文法』（以上，語学春秋社），『受験に勝つ子どもの育て方』（内外出版社）がある。

大矢復
図解英語構文講義の実況中継

定価：本体1,200円＋税

高校生になったとたんに英文が読めなくなった人におすすめ。英文の仕組み
をヴィジュアルに解説するので，文構造がスッキリわかって，一番大事な部分
がハッキリつかめるようになります。

大学入学共通テスト 石井雅勇 CD2枚付　定価：本体2,200円＋税

英語[リーディング・リスニング]講義の実況中継

共通テスト英語の出題形式と攻略法を，「リーディング対策編」，「リスニング
対策編」の両パートで徹底解説! 試行テスト問題演習&オリジナル予想問題演
習で，どんな問題にも対応できる実戦力を磨きます。

出口汪
現代文講義の実況中継①〜③ <改訂版>

定価：本体(各)1,200円＋税

従来，「センス・感覚」で解くものとされた現代文に，「論理的読解法」という
一貫した解き方を提示し，革命を起こした現代文参考書のパイオニア。だれ
もが高得点を取ることが可能になった手法を一挙公開。

兵頭宗俊
実戦現代文講義の実況中継

定価：本体1,400円＋税

「解法の技術」と「攻略の心得」で入試のあらゆる出題パターンを攻略します。
近代論・科学論などの重要頻出テーマを網羅。「日本語語法構文」・「実戦用
語集」などを特集した別冊付録も充実です。「現実に合格する現代文脳」に変
われるチャンスが詰まっています。

大学入学共通テスト

定価：本体1,500円＋税

安達雄大 現代文講義の実況中継

「そもそも現代文の勉強の仕方がわからない」と悩んでいる受験生のために，
現代文対策のコツを基礎から徹底解説。思考の流れを一つずつ図解で確認
しながら，確実に正解にたどり着く解法を伝授します。

望月光
古典文法講義の実況中継①/② <改訂第3版>

定価：本体(各)1,300円＋税

初心者にもわかりやすい文法の参考書がここにある!文法は何をどう覚え，覚
えたことがどう役に立ち，何が必要で何がいらないかを明らかにした本書で，
受験文法をスイスイ攻略しよう!

国語

山村由美子
図解古文読解講義の実況中継

定価：本体1,200円+税

古文のプロが時間と労力をかけてあみだした正しく読解をするための公式"ワザ85"を大公開。「なんとなく読んでいた」→「自信を持って読めた」→「高得点GET」の流れが本書で確立します。

山村由美子
図解古文文法講義の実況中継

定価：本体1,200円+税

入試でねらわれる古文特有の文法を，図解やまとめを交えてわかりやすく，この一冊にまとめました。日頃の勉強がそのままテストの得点に直結する即効性が文法学習の嬉しいところ。本書で入試での得点予約をしちゃいましょう。

大学入学共通テスト

定価：本体1,600円+税

山村由美子 古文講義の実況中継

共通テスト古文で高得点を取るための秘訣を全公開!!「単語」→「文法」→「和歌」→「総合問題演習」→「共通テスト型問題演習」と，順を追って手応えを感じながら学べます。巻末付録には，「試行テスト」を2題収録。

大学入学共通テスト

定価：本体1,500円+税

飯塚敏夫 漢文講義の実況中継

共通テスト漢文は，「漢文法」「単語」「漢詩」を押さえれば，満点が取れるおいしい科目。本書で速習攻略できます！さらに，2題の予想問題で本番を意識した対策も万全です。漢文公式を1冊にまとめた別冊サブノート付き。

地歴

石川晶康
日本史B講義の実況中継①〜④

CD付

定価：①・②本体(各)1,200円+税
③・④本体(各)1,300円+税

日本史参考書の定番『石川日本史講義の実況中継』が，改訂版全4巻となって登場!文化史も時代ごとに含まれ学習しやすくなりました。さらに，「別冊講義ノート」と「年表トークCD」で，実際の授業環境を再現!日本史が得点源に変わります！

石川晶康
日本史Bテーマ史講義の実況中継

定価：本体1,400円+税

「史学史」「女性史」「琉球・沖縄史」など必須テーマから，メインの「政治史」まで，入試頻出テーマに焦点をしぼった一冊。「論述対策」も盛り込まれた本書は，これまでの日本史学習の成果を得点力にかえる，総仕上げの一冊です。